たった一言で誰もがあなたを信頼する

ENCYCLOPEDIA OF
PSYCHOLOGICAL
TACTICS II

心に入り込む裏心理術事典

西島秀穂
HIDEHO NISHIJIMA

SOGO HOREI PUBLISHING Co., LTD

はじめに

　2018年5月に『たった一言で心を支配する 相手を操る心理術事典』を刊行しました。
　以来、多くの皆様に共感いただき、その続編として今回は「裏」心理術をテーマに約450ものテクニックをまとめました。

　「裏」の心理テクニックとは、いわゆる裏稼業の方々が駆使している心理テクニックのことです。

　ヤクザ、詐欺師、ナンパ師といった方々が、人を脅したり、騙したり、金を払わせたり、客として頻繁に通ってもらえるようにするために、一般社会では使っていないような（実は使っているのですが）ちょっと強烈な手口（テクニック）をこの一冊に集めてみました。

　なかには、同じことをすれば犯罪になってしまいそうなものもあります。
　しかし、このエッセンスは、難敵な交渉相手に負けない交渉術であったり、隠し事をしている相手の心を瞬時に見透かせる技であったりと、とても便利で、厳しい状況においてすぐに使える心理テクニックばかりなのです。

これらの心理テクニックを知っていればもう大丈夫。ぜひ、さまざまな場面で活用して、日々の生活にお役立ていただければ幸いです。

西島秀穂

登場人物紹介

裏心理の神さま

本書の使い方

本書では、ビジネスやプライベートでの人間関係に使える裏心理術をシチュエーション別に紹介しています。相手の本音を知り、相手を動かせるようになるように、ぜひ活用してください。

①使うシーン
よく使うシーンごとに分けて紹介。知りたいシーンがすぐに探せます。

外見・服装

外見は人の印象の9割を決めるといわれているぞ。まずは外見で印象をよく見せる方法を学ぶのじゃ。

②シチュエーション
どんな状況で使うべきなのか、どういう人に向けて使うべきなのかを示しています。

★金持ちに見せたいとき①

高そうな服を着る

POINT　イタリア製のスーツを着た男からの儲け話と、量販店のスーツを着た男の儲け話、どちらを信用できるでしょうか。「金がありそうな人」からの儲け話は、嘘でも信用されやすいのです。多少無理してでも、見た目にはこだわりましょう。

③裏心理術のテクニック
すぐに使える裏心理術のテクニックを紹介しています。

★金持ちに見せたいとき②

相手と差をつけすぎない

POINT　高価な衣服を身につけていると「お金を持っている」ことをアピールできます。しかし、相手が身につけているものよりも極端に高価なものばかり身につけていると、相手が怯んだり、警戒したりすることもあるので気をつけましょう。

④ワンポイントアドバイス
どのような状況で使うのか、どのように相手を動かすのかなど、注意ポイントを紹介しています。

こんなときに使ってください

「なんで振られたんだ」「言いなりになってしまった」
「あいつ何考えているんだろう」「強く言えばよかった」
思い出すと悔しいことがありませんか。
それは、「裏」心理術で解決できたかもしれませんよ。
以下のことが気になる方はぜひ、本書を開きましょう。

- 自分を強く見せたいとき

- 相手の反論を封じたいとき

- 目や指の動き、しぐさで相手の心を読みたいとき

- 異性を翻弄したいとき

- 意見を通したいとき

- ピンチを切り抜けたいとき

- 自分の印象を上げたいとき

- 相手を自分のフィールドに引き込みたいとき

はじめに ………………………………… 4
本書の使い方 …………………………… 6
こんなときに使ってください ………… 7

第1章
自分を演出する裏心理術

外見・服装 ……………………………… 14
表情 ……………………………………… 23
話し方・声 ……………………………… 27
セルフブランディング ………………… 32

第2章
相手の本音がわかる裏心理術

視線・表情……………………………………… 40

手の動き………………………………………… 47

姿勢……………………………………………… 52

くせ……………………………………………… 55

話し方…………………………………………… 58

好み……………………………………………… 60

第3章
相手の心に入りこむ裏心理術

相手の心を開くテクニック …… 66

相手の心をつかむ会話術 …… 75

怒りをおさめる謝罪 …… 83

自分の意見を通す会話術 …… 87

相手の心理を利用する技術 …… 95

仲間を操る方法 …… 100

部下を操る方法 …… 104

上司を操る方法 …… 108

第4章
「イエス」を引き出す裏心理術

断れない状況を作る ………………………… 114

「ノー」を抑え込む論法 ……………………… 119

悪の交渉術 …………………………………… 131

相手を騙す・操る方法 ……………………… 141

第5章
異性の心をつかむ裏心理術

好意を持たせるテクニック ………………… 150
好きにさせるしぐさ ………………………… 162
断らせない誘い方 …………………………… 166
相手を操るデート術 ………………………… 170
達人のメール・LINE術 …………………… 174
こっそりと相手の気持ちを知る方法 ……… 178
効果的な好意の伝え方 ……………………… 180
良い関係を続ける裏テクニック …………… 182

第1章

自分を演出する裏心理術

ビジネスでもプライベートでも、まずは自分を相手にどう見せるかが重要です。この章では、自分の印象を思うがままに操作する方法を紹介。服装、表情、話し方など、簡単な方法であなたの印象はガラッと変わるのです。

外見・服装

外見は人の印象の9割を決めるといわれているぞ。まずは外見で印象をよく見せる方法を学ぶのじゃ。

★ 金持ちに見せたいとき①

高そうな服を着る

POINT イタリア製のスーツを着た男からの儲け話と、量販店のスーツを着た男の儲け話、どちらを信用できるでしょうか。「金がありそうな人」からの儲け話は、嘘でも信用されやすいのです。多少無理してでも、見た目にはこだわりましょう。

★ 金持ちに見せたいとき②

相手と差をつけすぎない

POINT 高価な衣服を着ていると「お金を持っている」ことをアピールできます。しかし、相手が身につけているものよりも極端に高価なものばかり身につけていると、相手が怯んだり、警戒したりすることもあるので気をつけましょう。

★ 怖く見せたいとき①

黒か白のスーツ、柄物のシャツを着る

POINT 服やアクセサリーの色・柄で怖さを演出できます。黒や白の単色スーツにダーク系か柄物のYシャツを着るだけで一気にヤクザ風の印象になります。また、サングラスとゴールド系のアクセサリーをちらつかせると怖さが増します。

★ 怖く見せたいとき②

青系の入れ墨をちらつかせる

POINT 襟や袖口からチラッと入れ墨が見えれば、相手は「おやっ」と思うでしょう。小さな入れ墨でも相手に与える怖さのインパクトは大きいです。さらに色は暖色系よりも、青系なら怖さが増します。

★ 怖く見せたいとき③

筋肉を見せる

POINT 腕の太さや胸板の厚さは男らしさの象徴であり、「ケンカに負けない強い男」のイメージを与えます。相手に「強そう」と思わせる＝怖さを演出できるわけです。細マッチョより、モリモリした筋肉が怖さをアピールできます。

第1章 自分を演出する裏心理術

★ 清潔感を演出する①

顔(頭)を中心に身だしなみを整える

POINT 清潔感がある男性には「黒髪のショートヘア」「脂っぽくない肌」「白い歯」「シワや汚れのない服装」といった特徴があります。洗顔や整髪、歯磨きなど顔(頭)を整え、服装に気をつけるだけで清潔感は演出できるのです。

★ 清潔感を演出する②

爪を清潔に保つ

POINT 長い爪は嫌われます。なかには爪をピカピカに仕上げている女子力の高い男性もいますが、そこまでしなくとも、爪は短くしておきましょう。パソコンのキーボードを叩く指先など、意外と女性は指先を見ているものです。

★ 清潔感を演出する③

小まめに髪を切る

POINT ボサボサな髪や寝癖は論外。男性なら短めにカットして清潔感を演出すると受けがいいです。2、3カ月に一度のカットよりも、いわゆる1000円カットなど安いところで小まめにカットするほうが、清潔さを維持できます。

★ 親しみやすさを演出する

会う人や行く場所に馴染む見た目にする

POINT 場違いな装いをしている人には近づきづらいもの。いつでもTPOをわきまえた服装を心がけましょう。会う人、行く場所、参加する会の特徴を考え、個性をどこまで出すのかを見極めて身なりを整えましょう。

★ 信用できる人と見られたいとき

サイズが合った服を着る

POINT いくら高級なスーツでも、オーバーサイズではルーズな印象を与えてしまいます。サイズが合った服をパリッと着ていると、シルエットがきれいで、オシャレ感、信用度が増します。

★ 威厳を感じさせたいとき

黒を基調とした服を着る

POINT 威厳や荘厳さを演出する色は黒です。特に黒いスーツは重厚感と大人の風格を印象付けます。白いシャツと寒色系のネクタイを合わせれば清潔で落ち着いた印象も演出できます。

第1章 自分を演出する裏心理術

★ 自分に興味を持ってもらいたいとき①

定番からハズして違和感を与える

POINT　「ジャケットにTシャツ」「スラックスにスニーカー」など、服装で違和感を与えることで相手の気を引くことができます。固定観念が覆されると、人は観念を修正しようとします。この修正作業が「気になる」にあたります。

★ 自分に興味を持ってもらいたいとき②

あえて奇抜な恰好をする

POINT　やりすぎるとマイナスイメージになりますが、服の素材や色使いにこだわったり、変わった形の帽子や目立つアクセサリーをつけてみたりすると、周囲の見る目が変わり、興味を持ってもらえることでしょう。

★ 知的に見せたいとき

メガネをかける

POINT　昔はメガネといえば、ガリ勉の印象がありました。しかし最近は、スマートなデザインのフレームが増え、手ごろな値段で買えるようにもなりました。まさに手軽にワンランク上の知的な自分を演出できるアイテムです。

★ 強く見せたいとき①

パワー・タイをつける

POINT 赤いネクタイは「パワー・タイ」とも呼ばれ、印象を操作する効果があります。やる気と熱意を感じさせ、自分が相手よりも優位に立ちたいときには最適でしょう。

★ 強く見せたいとき②

アクセサリーを使い分ける

POINT メンズブレスレットは手軽にセクシーさを演出できるアイテムです。また、色で印象も変わります。シルバーなら男らしさを、ゴールドなら華やかさを演出できます。

★ 手軽に男らしさを見せたいとき

適度にヒゲをたくわえる

POINT 2013年にオーストラリアの大学が行ったヒゲ顔に関する調査では、剃った状態、軽い無精ヒゲ、ヘビーな無精ヒゲ、顔全体を覆うヒゲのうち、女性に圧倒的に支持されたのはヘビーな無精ヒゲという結果が。ヒゲ顔は女性にモテるのでは。

★ 自信があるように見せたいとき①

胸を張ってまっすぐ立つ

POINT 背筋を伸ばし、胸を張るとテストステロンなどの脳内ホルモンの分泌量が増え、やる気や自信が出るといわれています。さらに、自信のある姿勢は、前向きな人という印象を相手に与えられます。

★ 自信があるように見せたいとき②

椅子に深く腰掛ける

POINT 椅子にゆったり深く腰掛けると、余裕のある印象を与えます。反対に、椅子に浅く腰掛けると、せっかちな印象や緊張しているイメージを相手に与えます。

★ 威圧感を演出する

見下ろしたり、上目遣いをする

POINT 相手の顔よりも高いところから視線を落としたり、アゴを引いて上目遣いで睨んだりすると、相手を怯ませることができます。相手が立っているなら座らせるなどして、高い位置から睨むと効果的です。

★ 色を操る①

色を組み合わせてさまざまな印象を演出する

POINT アメリカ大統領の勝負服は、清潔・上品・永遠を表す白いシャツ、冷静・賢明・男性を表す紺のスーツ、情熱を表す赤いネクタイです。このように色には特徴と効果があり、状況に合わせて使い分けるなどイメージ戦略に役立てることができます。

★ 色を操る②

「勝負の赤」を身に付ける

POINT 赤はやる気を起こさせる色です。交感神経を刺激して、アドレナリンを分泌させる効果があるとされています。勝負どころで赤いネクタイを締めてやる気を見せたり、自分に気合を入れたりするのに効果的です。

★ 色を操る③

「存在感の黒」を身に付ける

POINT 黒はどのような場所でも存在感を放ちます。またフォーマルな場面で身に纏う色でもあります。威厳や風格、重厚感を演出することができ、真摯に事を進める場面で効果的な失礼のない色です。

第1章 自分を演出する裏心理術

★ 色を操る④

「クールで冷静な青」を身につける

POINT 気持ちを落ち着かせ、集中力を高める効果がある青。コミュニケーションを円滑にし、知的なイメージがあるため、ビジネスシーンでは青を中心としたコーディネートが活躍します。

★ 色を操る⑤

「親近感の黄色」を身につける

POINT コミュニケーションカラーと呼ばれる黄色は、人を開放的な気分にさせます。親近感を与えるため、初対面の人と会うときに有効です。また、親近感は口を軽くさせるため、秘密を探るときにも使える色です。

★ 色を操る⑥

「個性を消すグレー」を身につける

POINT ヒーリングカラーの一つであるグレーは、刺激や警戒心を和らげる効果があります。個性を消す色でもあるので、気配を消したいときはグレーのスーツがおすすめです。ほかの色を引き立てるので、さまざまな使い方ができる色でもあります。

表情

目や口、眉などを操ることで印象を操作できるぞ。相手に与えたい印象を考えてテクニックを使い分けるのじゃ。

★ 迫力を出したいとき

迫力は練習で身につける

POINT ヤクザは鏡に向かってドスの効いた顔を作り、相手を威圧する練習をします。それを繰り返すうちに本物の迫力が備わるのです。交渉の場で相手に「迫力がある」と思わせたら優位に立てます。自分なりの「迫力」を知っておきましょう。

★ 相手を不安にさせたいとき

真顔で話す

POINT 人は他人が話しているときの表情から相手の感情を読もうとします。これを利用し、真顔のまま表情を変えずに淡々と話すと、感情がわからず、相手を不安にさせるほか、隙を見せない印象を与えられます。

第1章 自分を演出する裏心理術

★ 知的に見せたいとき

口角を少し上げる

POINT 口角を少し上げる程度の笑顔は、知的な印象を与えるといわれています。ある化粧品メーカーの調査では、いわゆるビッグスマイルではなく、口角が引き締まって見えるくらいの微笑に知性を感じるというアンケート結果が出ています。

★ 気難しい人と思わせたいとき

眉間にしわを寄せる

POINT 眉間に縦じわを寄せれば、眉は下がり、不満や当惑していることを表わすことができます。また、この表情は気難しい人という印象も与えられます。そのまま相手を睨めば、相手は威圧感も感じるでしょう。

★ 嘘を信じ込ませたいとき

瞬きをしないで嘘をつく

POINT 男性の場合、嘘をついているときは瞬きの回数が増えるといわれています。それを逆手にとって、瞬きせずに嘘を言えば、相手は信用しやすくなります。これは詐欺師がよく使うテクニックです。

★ 好印象を抱かせたいとき

自然な笑顔を作る

POINT 好印象を抱かせたければ、自然な笑顔を作れるようにすることです。笑顔は人を惹きつける効果があるばかりか、周囲に伝播していきます。口角を上げ、目尻を落としましょう。ただし、やりすぎには注意が必要です。

★ イメージアップを図りたいとき

イメージのコントラスト（ギャップ）を利用する

POINT 強面の人が意外と愛されキャラだったりします。鬼瓦のような顔が笑顔を見せれば、一気に「親しみやすい」となるのです。もしあなたが厳しい性格で知られているなら、時には笑顔を見せ、イメージアップを図りましょう。

★ 厳しい言葉をかけたいとき

あえて穏やかな表情でキツく話す

POINT 言葉、話し方、表情──この三つの中で最も相手の心を動かしやすい要素が表情です。柔らかい表情を浮かべておけば、キツい言葉を使っても、相手には心地良い印象が残ります。2人だけの場合、その効果はより強くなります。

第1章 自分を演出する裏心理術

★ 快活な印象を与えたいとき

アゴの角度を20度にする

POINT 顔の印象の善し悪しは、実はアゴの角度で決まります。カナダの大学の実験では、アゴの角度が30度だと横柄に見え、20度だと元気で快活に見えるという結果が出ています。鏡の前で「アゴが20度の角度」を研究してみましょう。

★ 相手に応じて印象を変えたいとき

左右の表情を使い分ける

POINT 人の顔は筋肉の付き方や張りなどの影響で左右の形が異なります。大抵の人は右側がシャープで知的、左側が丸くて柔和な感じの印象を与えます。建前を言うときは右側、本音を言うときは左側の顔を見せて話しましょう。

★ 話しかけやすいと思われたいとき

あえて隙を見せる

POINT 真面目に真剣な表情で居続けると、近寄りがたい存在になります。時にはリラックスし、ボーッと遠くを眺めるような時間を取りましょう。そんな姿が話しかけやすい人と思われるきっかけになります。

話し方・声

信頼を得たり、威圧感を与えたりするときには、内容よりも話し方が大切じゃ。場面に応じて使い分けてみよう。

★ 印象をよくしたいとき

年配の人にはゆっくりと話す

POINT 話すスピードは相手の年齢によって使い分けましょう。相手が年配の人ほどゆっくりと話せば、あなたの印象はアップします。相手に合わせて話す姿勢は好感を抱かれます。

★ 自信があるように見られたいとき①

ゆっくりと自信たっぷりに話す

POINT 自尊心が低い人は、物事を決断する自信を持てないことがよくあります。そういう人は、普段からあえてゆっくりと話すと、自信を持っているように見られるようになります。ゆっくり話すと信頼感が増し、頼られるようになるでしょう。

★ 自信があるように見られたいとき②

必要なことだけ話す

POINT 落ち着いてゆっくり話す人は、自信があるように見えます。一方、多弁で落ち着きのない人は、話せば話すほど、印象が悪くなります。不意の失敗を避けるためにも、相手に伝える情報は最小限にしてゆっくり伝えましょう。

★ 緊張を和らげたいとき

たまに方言を使って話す

POINT 方言には緊張を緩和させ、情に訴えかける効果があります。初対面の緊張をほぐす、相手に自分は敵ではないとアピールするなど、TPOを考えながら意図的に方言を使うといいでしょう。

★ 相手の関心を惹きつけたいとき

オーバーなくらいの身振り手振りをする

POINT 大げさなジェスチャーは相手の関心を惹きつける力をもっています。政治家が演説するときの大きい手振りは、頼もしい印象を演出しているのです。この効果を利用したのがヒトラーで、熱狂的な支持を得ることに成功したといえます。

★ 知的に見せたいとき

早口で理路整然と話す

POINT テンポが早い口調や質問への即答は、頭の回転が速い知的な印象を与えます。淀みなく理路整然と話を進める姿からは頼りになるイメージもあり、相手からの信用度も増すでしょう。

★ 声だけで印象をよくする

「ファ」「ソ」の音で話す

POINT ドレミファソラシドの「ファ」「ソ」の音階の声は、相手に好印象を与えるといわれています。特に姿が見えない電話越しでは、たとえ本心と違ってもわざと明るく高い声を出すことで信頼を得ることができます。

★ 威圧感を演出する①

怒鳴ったり、淡々と話したりする

POINT 相手を睨みつけ、大声で「なめとんのか、コラァ！」という、いわゆるヤクザの脅し文句と口調を使うと、大抵の相手は怖がります。また、冷静に淡々と理詰めで相手を責めると徐々に恐怖を与えられます。

第1章 自分を演出する裏心理術

★ 威圧感を演出する②

怒鳴るのは最初だけにする

POINT 怒った勢いで話すと、怒りは伝わっても話が伝わらない場合があります。最初は怒鳴っても、途中からは冷静に伝えたいことを話しましょう。それでも十分怒りは伝わります。

★ 悲しさを伝えたいとき

低めの声で淡々と話す

POINT 悲しさを演出するには、表情よりも声がポイントになります。明るい声は禁物です。低めの声でゆっくりと話します。残念な報告をする場合や相手に罪悪感を感じさせたいときは、低い声で淡々と話しましょう。

★ 親しみやすさを演出する

徐々にくだけた話し方をする

POINT 相手が初対面や目上の人でも、時間の経過とともに徐々に話し方を崩していきましょう。相手が同じノリで話にのってくれば、さらにくだけてみることで、相手の懐に潜り込むことができます。

★ 話がうまい人と思わせる①

話す順序を意識する

POINT 伝える順序に気をつけるだけで、YESと言ってもらえる確率は高くなります。「①何について話すのか（テーマ）、②何が言いたいのか（結論）、③根拠となる事実（根拠）、④相手にどうしてほしいのか」という順序で話してみましょう。

★ 話がうまい人と思わせる②

丁寧に反論する

POINT 自分の意見への反論には丁寧に対処しましょう。素晴らしいアイデアでもほころびはあるものです。それを指摘されたら、まずは受けとめ、真摯に対応します。そうすれば、お互いの意見を融合でき、より建設的な話し合いになります。

★ 話がうまい人と思わせる③

事前に話すことを考えておく

POINT 口ベタな人が商談を乗り切るポイントは、事前に話すことや想定される質疑応答を作り込んでおくことです。想定されるやりとりを頭に少しでも入れておくだけで、相手の知りたいことを予測することもできます。

第1章 自分を演出する裏心理術

セルフブランディング

あえて多くを語らない、情報を調べ尽くすなど、自分の印象を数段上に見せる方法があるのじゃ。

★ 過去の話を大げさに演出する

必要以上に語らず、相手に想像させる

POINT どんな武勇伝も本人が語ると安い印象になってしまいます。例えば、顔の傷の由来を聞かれても「渡世の義理」と答えれば、相手は勝手に「親分を庇ったのかも」と事実以上の想像さえしてくれます。

★ 自慢したいとき

相手に質問させるように誘導する

POINT 例えば高級腕時計を買って自慢すると、大概の人は引きます。それでも自慢したいなら、相手に問われて仕方なく話すシチュエーションを作るのです。すると相手は、自慢話を聞かされる意識もなく、興味をもってくれることでしょう。

★ 自分を大物に見せたいとき

強者との関係を匂わせる

POINT ヤクザは「この前、○○組の組長と……」などと、強者との関係性を匂わせることで相手を威圧します。あまり具体的に言わないことがコツです。有名人との関係を匂わせ、「あとは想像してくれ」と言いましょう。

★ 思い通りの印象を与えたいとき

印象から逆算してアピールする

POINT 人は、「メガネをかけている」「英語が話せる」という本質ではない特徴に引っ張られることで、その特徴の印象を抱く傾向があります。そこで、相手に与えたい印象から逆算して持ち物や能力をアピールしましょう。

★ 言うことを聞かせたいとき

権力をちらつかせる

POINT 言うことを聞かない相手がいる場合は、自分のバックにいる上司や権威ある人の名前や話をちらつかせてみましょう。人は権威や上からの命令に弱いのです。

第1章 自分を演出する裏心理術

★ 威圧感を与えたいとき

少し高い場所に陣取る

POINT 相手より高い位置から見下ろすようにして話すと、威圧感を与えるだけでなく、相手に対して支配権を持っているように振る舞うことができます。高い位置から指示すると、人は意外とすんなり動いてくれるのです。

★ 相手より上の存在と思わせる

常に理論武装しておく

POINT 油断ならない人だと思わせるには、相手の主張をことごとく封じることが有効です。相手の意見を予想して、理論武装しておきましょう。相手の意見を数回退けるだけで、相手はあなたのことを強者と思うようになります。

★ 相手と会う前に

SNSを駆使して相手の情報を知っておく

POINT 初対面のときなどその会う人のことを事前に調べて知っておくと、その初対面の相手はいい印象を抱いてくれます。会う前に相手の情報を調べましょう。現代は複数のSNSを使えばいろいろな情報を簡単に手に入れることができます。

★ 金持ちに見せたいとき

お金がなくても困っている素振りを見せない

POINT お金は羽振りのいい人のところに集まってきます。たとえ内情が火の車でも、羽振りのよい態度を見せると、「あの人は金持ちだ」と思われ、お金絡みの話も出やすくなるのです。そのときに儲け話やお得情報が話題に出ることまであります。

★ 器の大きさを見せたいとき

強い立場になるほど腰を低くする

POINT 立場が上がれば上がるほど、腰を低くするように心がけましょう。それだけで「あの人は人格者だ」となります。「強い立場」にいるのに「優しい」というギャップを利用するのです。威張っているだけでは、何も得をしません。

★ 相手を油断させる

へりくだった態度をとる

POINT 初対面ではあえてへりくだった態度に徹してみるのもいいでしょう。人は自分より弱いものを見ると安心します。少しの間へりくだるだけで、簡単に相手は心を開き、懐に潜り込むこともできるのです。

第1章 自分を演出する裏心理術

★ 有能さをアピールする

打ち合わせ中にわざと携帯電話を鳴らす

POINT 人は「ヒマ＝無能」「忙しい＝有能」という先入観をもっているものです。打ち合せ中にわざと携帯電話が鳴るようにしておくことで、多忙な印象を与えることができ、きっと相手は「この人はできる人だ」と思うはずです。

★ 有事に備える

2人一組で行動する

POINT 強面役となだめ役の2人一組で相手を懐柔するのは警察もヤクザもよく使う手段です。相手を心が折れる寸前まで追い込み、最後に助け舟を出す。このコントラストが効果的なので、いつでもできるように2人一組で行動してもいいでしょう。

★ 第三者に自分の正当性をアピールしたいとき

被害者を装う

POINT 何かのトラブルで警察などの第三者の判断を仰ぐ必要があるときは、たとえこちらに非があっても、被害者を装いましょう。人の「心証」は大きな判断基準になります。相手を悪人だと思わせることができれば、しめたものです。

★ 初対面で上に立ちたいとき①

絶対に下手に出ない

POINT 他人との力関係は、初対面のときにほぼ決定します。そのときにナメられたら、後から立場を逆転しようとしても難しくなります。そのためには、自分を安く見せないことが大切です。初対面の場では細心の注意を払いましょう。

★ 初対面で上に立ちたいとき②

あえて隙を見せる

POINT 相手より常に上に立とうと気張る必要はありません。時には受け身の態度で、和やかに相手の話を聞くような姿勢を見せましょう。そこで相手がナメた突っ込みをしてきたら、すかさず厳しい対応をすればいいのです。

★ 周囲から一目置かれるには

冷たい人を演じる

POINT 意図的に口数を減らし、何も言わずに黙々と行動したり、つまらない相談事は無視するなどして、人当たりの冷たい人を演出すれば、周囲も少し離れて一目置くようになります。

第1章 自分を演出する裏心理術

COLUMN

「勝負服」は男女で変わる？

　勝負服とはもともと競馬の騎手がレースで着る服のこと。大一番のレース前に身にまとうことから、こう呼ばれるようになりました。それがビジネスや政治の世界にも広がっています。例えば、東京都知事の小池百合子氏の勝負服はグリーンのスーツです。また、服ではなく、ネクタイやタイピンなども勝負アイテムとして好んで身につける人もいます。

　男女ともに勝負服はスーツが多いようです。男性はワンランク上のスーツを着て、女性は自分がより有能に見えるスーツを着る傾向があります。

　初対面の第一印象はわずか6〜7秒で判断されます。ですので、ここ一番の商談で勝負服を着ることで身も心も引き締まります。それがビジネスでよい結果を生むのだと考えられています。

　最善を尽くしてもよい結果を手にすることができるとは限らないビジネスパーソンにとって勝負服やアイテムは、ゲン担ぎのような意味もあります。「これを身に着けていれば大丈夫！」という気持ちになることが、勝負服の役割なのでしょうね。

第2章

相手の本音がわかる裏心理術

この章では、他人の心の動きを読み取るテクニックを紹介します。しぐさや表情、口ぐせなど無意識に引き起こされる行動には人の本音が隠れています。相手から発せられるサインを見破り、有利な状況に持っていきましょう。

視線・表情

表情の中でも特に気持ちを読みやすいのが目じゃ。表情と合わせてどこに視線が動いているのか注目しよう。

★ 相手の印象がいいとき

頻繁に目が合う

POINT 打ち合せ中などに相手と視線がよく合うことがあります。人には、好きなものは見つめる、気に入らないものは視線から外すという本能があります。頻繁に視線が合うときには、相手はあなたのことを悪くは思っていないはずです。

★ 疑っているとき

正面からじっと見つめてくる

POINT 日本人は欧米人に比べ、顔を正面から見つめることをしないといわれています。そんな中、正面から視線をそらさずに見つめているということは、あなたを疑い、注意深く見ているのです。

★ 相手から興味を持たれていないとき

目を合わそうとしない

POINT 興味のない人が何を話していても、人はその話し手に視線を合わそうとしません。向き合って話している場合、相手が視線を合わせないときは、こちらに興味がないか、否定的な感情を抱いていると思った方がいいでしょう。

★ 男性が嘘をついているとき

目を合わせて話さない

POINT 男性は、目を合わせて話しているときに嘘をつけないといわれています。つまり、視線を何度も外すときはウソや隠し事があるのです。接客に長けたキャバ嬢をはじめ、女性は男性の視線の動きに違和感を抱き、嘘に気づくのです。

★ 焦り、動揺しているとき

眼球が左右に揺れる

POINT キャバ嬢は客の反応を目の動きで確かめます。人は焦ったり、動揺すると、眼球が左右に動きます。目の動きを制御するのは難しいので、それを彼女たちは見逃さず、お酒の要求など営業につなげるのです。

第2章 相手の本音がわかる裏心理術

★ 嘘をついているとき①

瞬きが激しくなる

POINT 瞬きは目を守る防衛本能です。緊張状態になったときも瞬きは多くなります。男性が浮気をごまかそうと嘘をついたとき(緊張状態のとき)、何度も瞬きするのを女性は見逃しません。バレたくなければ、日頃から訓練しておきましょう。

★ 嘘をついているとき②

視線が右に動く

POINT 人は考え事をするとき視線が右に動きます。相手に昨晩の行動を聞いて、視線が右に動けば、昨晩の行動を思い出しているのではなく考え事をしている(何かをごまかそうとしている)ので、嘘をついている可能性が高いのです。

★ 具体的なものや場所を思い浮かべているとき

視線が上に動く

POINT 視覚的イメージのものを思い浮かべているときは、視線が上に動きます。話をしていて過去に行った場所や食べたものなど思い出しているときは、視線は上にいくのです。

★ ネガティブな気持ちを抱いているとき

視線が下に動く

POINT 相手を前にして「この話、早く終わらないかな……」「この人メチャクチャ怒っているな……」などのネガティブな考えが頭を巡っているとき、視線は下に動きます。

★ 興味があるものを前にしたとき

瞳孔が開く

POINT 好きなもの、興味があるものを見るとき、瞳孔が大きくなります。例えば、女性がプレゼントを受け取ったときに瞳が大きくなったら、興味を持ったということです。しかし、あなた自体に興味があるのかはわからないので注意しましょう。

★ 本音を話しているとき

瞬きが少なくなる

POINT 本当のこと、または本音を話しているときは、基本的に瞬きの回数が少なくなります。相手に話をわかってほしいがために、目を見開いて真剣に伝えようとしているからです。

★ 相手の本心を見破りたいとき①

顔の左側を見る

POINT 人は、顔の右半分に建前、左半分に本音が表れるといわれます。本音を見破りたいときは、特に左の目や口の動きに注目しましょう。目線や口角の上がり方が、気持ちを読み解くヒントになります。

★ 相手の本心を見破りたいとき②

顔の右側を見る

POINT 顔の右半分は建前が表れるといわれるため、ある意味「仮面」と思うべきです。わかりやすいのが笑顔で、心から笑っていない場合、右側は笑わず、口を曲げて顔の左側だけで笑っていたりします。

★ 怒りの感情が顔に出るとき①

顔が赤くなる

POINT イライラし出したり、話を聞きながら怒りの感情が高ぶってくると、顔や頭全体に力が入り、血が上って顔が紅潮してきます。人によっては、怒りの感情がおさまるまで赤いままの人もいます。

★ 怒りの感情が顔に出るとき②

鼻にしわが入り、上唇が上に引っ張られる

POINT 嫌悪感を抱いているときは、鼻にしわが入り、上唇が上に引っ張られます。また、怒りの感情が起きると、鼻の穴を大きくして息をスーッと吸い込むこともあります。比較的わかりやすいサインなので覚えておきましょう。

★ 怒りの感情が顔に出るとき③

鼻孔が小刻みに動いている

POINT 鼻孔(鼻の穴)が小刻みに動いているときは、興奮している可能性が高いです。人は興奮状態に陥ると、呼吸が浅く激しくなり、平静を装っていても鼻孔が小刻みに動いてしまうのです。

★ 恐怖を感じているとき

眉がまっすぐのまま眉間にしわが寄る

POINT 人は恐怖を感じているとき、眉はまっすぐながら眉間が少し寄ります。眉間に関するサインは本書でも度々紹介しますが、同時に眉にも注目すると、恐怖を感じていることにまで気づけるのです。

★ 相手から興味を持たれているか知りたいとき

口角（口の両端）で確認する

POINT 会話相手の口元に注目しましょう。口を固く結んでいたら、興味がないサイン。反対に少し口角を上げていれば、あなたの話に興味ありです。ナンバーワンの人気キャバ嬢ほど、常に口角を上げ、意識が客に向いているように見せています。

★ 我慢しているとき

唇をギュッと噛む

POINT 人は悔しいと思うと唇をギュッと噛みます。やり手のキャバ嬢は、客の気持ちを自分に向けさせるために、わざと唇を噛んで我慢している素振りを見せ、自分への興味をわかせます。そして客にお願い事をして、まんまと受け入れてもらうのです。

★ 気が緩んでいるとき

口元がゆるんで
ぼうっと開いている

POINT 気が緩むと顔に力が入らなくなり、口元やアゴの筋肉が緩み、口がぼうっと開くことがあります。日本ではこの数十年の間にやわらかい食べ物が増え、アゴの筋肉が未発達になってしまい、口をしっかりと閉じていられない人も多いようです。

手の動き

手は意外にも感情が表れるパーツじゃ。目や表情よりも観察しやすいので、ぜひ活用しよう。

★ 後ろめたい気持ちがあるとき

鼻を触る

POINT 後ろめたさがあるときに、人は鼻を触りやすいといわれています。鼻は出っ張っていて、怪我をしやすいので、本能的に守ってしまうのです。相手が鼻を触ったときは、隠し事か、何かを守りたいという気持ちがあるのかもしれません。

★ 嘘をついているとき

鼻の下に手をあてる

POINT 顔の中心にある鼻や鼻の周囲に手をもっていくしぐさは、表情を隠したい(顔全体を隠す)気持ちの表れです。嘘をついているときにするしぐさなのです。そんなときは、どんな嘘をついているのかを探るようにしましょう。

★ 不安や緊張をしているとき

唇を触る

POINT 唇を触ることが多い人は、不安な気持ちを抱えていたり、緊張をしている場合が多いです。人は手や指に温もりを感じると安心するので、不安なときほど無意識に顔を触りますが、唇も同様です。

★ 関心を抱いているとき

手でアゴをさする

POINT 地位の高い人、プライドの高い人はアゴで部下を指図したりしますが、話を聞きながらアゴを触る人も同様にプライドが高い傾向があります。「なるほど〜」と上から目線で感心しながら聞いてくれていることがほとんどです。

★ 不安を抱えているとき

髪を触る

POINT 髪を触る行為は、ある種の不安感を抱えていることの表れです。自分で自分の髪を撫で「いい子いい子」して不安を解消しようとしているのです。毛先をいじっているときは、退屈しのぎの場合もあります。

★ 嘘をついているとき

ポケットに手を入れている

POINT 嘘をついている（緊張する）と、手が震えたり、手汗をかいたりします。そのため、嘘をついていると、ポケットに手を入れて無意識にそれを隠そうとするのです。話しているときなど、急に手をポケットに入れたら要注意です。

★ 心を開いているとき

手のひらを相手に見せる

POINT 人は自分をすべてさらけ出すとき、本能的に手のひらを相手に見せます。「隠し事はない」という無言の意思表示です。目の前にいる相手が頻繁に手のひらを見せているようなら、心を開いているサインです。

★ 拒絶しているとき①

拳を体の前で固く握っている

POINT 拳を握るのは相手を拒絶する「ノー」のサインです。拳を握っている相手は緊張状態にあり、話を聞きたくないと思っています。怒りを感じていたり、不快感を抱いていたりする可能性が高いです。その怒りを解くように行動しましょう。

★ 拒絶しているとき②

指先で机や椅子をトントンたたく

POINT 無意識に相手の話を妨害したいとき、指先でトントントンと叩くしぐさが出ます。また、話している相手の前で、目の前にあるものを絶えず触ったり、動かしたりする行動も、話を終わらせたい気持ちの表れです。

★ 拒絶しているとき③

手のひらを内側に向けて脇の下に入れて腕組みしている

POINT 手のひらを内側に向け、脇の下に入れてガシッと腕を組んでいる状態は「自己保身」よりも「自己防衛」、さらには相手を拒絶している気持ちの表れといわれています。この姿勢をとっている人は周囲を完全拒否している可能性も。

★ 退屈を感じているとき①

手近にあるものを触る

POINT 人に待たされて暇であったり、退屈であったりすると、人は何か物を触りながら時間を過ごそうとします。何かを触り、それに依存して時間をやり過ごそうとしているのです。

★ 退屈を感じているとき②

耳を触る

POINT 話し相手が耳を触りだしたら、話題を変えましょう。体の一部を触る行為は退屈しているか、不安を感じているかのどちらかです。話に関心がなくて退屈なのか、安心感を得ようと耳たぶを触っているのです。

★ 怯えているとき

腕組みをしている

POINT 腕を組むのは、無意識のうちに胸にある心臓や肺を守ろうとしているためと考えられています。つまり、自分を守ろうとするときに腕を組みます。常に腕を組んでいる人は何かの脅威に怯えていることが伺えます。

★ 威嚇しているとき

上体を反らせてアゴを上向きにして腕組みする

POINT 腕を高い位置にして、アゴを上向きにして相手を見下すような姿勢の腕組みは、相手より優位に立ちたい、威圧したいという威嚇の気持ちの表れといわれています。さらに怒り爆発、怒鳴る寸前もこのポーズが多いのです。

姿勢

姿勢はひと目で本音を見抜けるサインじゃ。表情や手の動きと組み合わせて相手の本音を見破るのじゃ。

★ 話に興味を示しているとき

体が正面を向いている

POINT 目の前の相手の反応がうまく読めないときもあります。真意を図りたいときは、相手の姿勢に注目です。体がまっすぐこちらを向いているときは脈ありです。体とともに、心も正面を向いて取り組んでいると考えられるからです。

★ 話に興味がないとき

体が斜めを向いている

POINT 相手の体が自分に対して斜めになっているときは、相手の気持ちがこちらに向いていないと考えられます。話の内容かあなたに興味がない可能性が高いのです。交渉を進めなければいけない場合は、細心の注意を払いましょう。

★ 自分を守りたいとき

足を組む

POINT 初対面にもかかわらず足を組んでいる人は、自己防衛の気持ちがあります。足を組んでいる人は無意識に自分を守ろうと心を閉ざしているので、まずは、いろいろと話しかけて、心を開かせましょう。

★ 相手の性格を知りたいとき

足の組み方に注目する

POINT 目の前の人が足を組んだら、足の組み方に注目しましょう。右足が上の人は、内気で相手がリードしてくれるのを待つ傾向があり、左足が上の人は、開放的で少しわがままといわれています。

★ 不満を感じているとき

足の組み替えの頻度に注目

POINT 頻繁に足を組み替えたり、姿勢を直したりするようなら、心の中の不満を抑えているかもしれません。特に足の組み替えが20分で5回以上の頻度があるようなら、話しの切り上げ時と考えましょう。

第2章 相手の本音がわかる裏心理術

★ 見下しているとき

体の力を抜いて、だらしない姿勢で座っている

POINT よほど親しい仲でない限り、体の力を抜いてダラッとした姿勢で向き合っている人は相手を見下しています。相手をバカにしていたりするとき、また相手の要求をバカにしながら拒否するときなど、だらけた態度で対応してきます。

★ 話に飽きているとき

頻繁に足を動かす

POINT 人は、「話に疲れてそろそろ終わりたい」と思っているときに足を組み替えたり、足を伸ばしたりします。それは早くその場を去りたいという気持ちの表れです。そのような姿勢になったら、話題を変えてその場をしのぎましょう。

★ 不満・不快を感じている

貧乏ゆすりをしている

POINT 貧乏ゆすりをしている場合、単なるくせではなく、落ち着かない心理状態か、不快感、不安感を非常に強く感じている可能性があります。なぜ相手が不安を感じているのかを考えて、それを取り除くように努めると、親密度が高まります。

くせ

人によってさまざまな種類のくせがある。身近な人を思い浮かべながら読むと、より理解しやすいぞ。

★ 気まずさを感じているとき

スマホを頻繁に触る

POINT 2人きりになるとスマホをいじって黙り込む人がいます。その行為には「気まずい」という本音が隠れています。「会話をしなければ」というプレッシャーから逃れるため、スマホに夢中になっているという状況を作っているわけです。

★ 集中力を高めようとしているとき

ボールペンをカチカチさせる

POINT 仕事中にボールペンをカチカチと押し続ける人がいます。心理学的には、心地よいリズムで集中力を高めている行為といわれています。周囲は耳障りかもしれませんが、その人の集中力が高まり作業効率は上がります。

★ 自分を鼓舞しているとき

激しいタイピング音は自分へのエール

POINT パソコンのキーボードを強く叩く人がいます。無意識のうちに「タン！ タン！ タン！」と勢いをつけ、「頑張れ！」と自分を激励している行為と心理学的にはいわれています。気が滅入る入力作業を乗り切ろうとしている行為なのです。

★ 歩き方に注目する

早足で歩く人は自分本位、大股で歩く人はリーダー気質

POINT 歩き方で性格がある程度わかるといわれています。ゆったりと大股で歩く人は物事を俯瞰で見れるリーダータイプ。早足の人は自分で物事を進めないと気が済まないタイプといわれています。

★ 警戒しているとき

首をすぼめて話す

POINT 首元を見せる行為は、信頼か服従を示しています。首には生死にかかわる頸動脈があり、本能的に信頼している相手でないと見せる気になれない部位だからです。逆に首を隠す(首をすぼめる)行為は、相手を警戒しているサインです。

★ 口ぐせ①

「絶対」「絶対、大丈夫」

POINT 「絶対」という言葉を多用する人は、自分自身や発言の内容に自信を持てていない人です。「これは絶対だ」と言いながら、無意識のうちに自分自身に暗示をかけているのです。

★ 口ぐせ②

「とりあえず〜」「一応」

POINT 絶対の自信がないときに使う言葉が「とりあえず」「一応」です。これを口ぐせのように多用する人は、自信がなく、無責任に話を前に進めたいだけです。後で言い訳としても使えるので、自分を守りたい気持ちの表れでもあります。

★ 口ぐせ③

「だから〜」

POINT 人が話しているときに「だから〜」と割り込んでくる人は、押しの強い自己中心的な人。人の意見をまとめたがる少々迷惑なタイプです。こうした人は、基本姿勢が身勝手なので、トラブルメーカーになりがちでしょう。

第2章 相手の本音がわかる裏心理術

話し方

声のトーンや話しの速さで相手の心がわかるのじゃ。声の高低や大きさなど、すぐにわかるサインを覚えておこう。

★ 嬉しいことがあったとき

声が上ずっている

POINT 気持ちが高ぶると声のトーンが高くなり、上ずった調子になります。嬉しいことがあったり、驚いたことがあったりするとそうなります。その高ぶった思いが隠しきれず、声のトーンや調子に出てしまうのです。

★ 好かれたいと思っているとき

声が高くなっている

POINT 明るい調子で声高な話し方をする人は、「相手に好かれたい」と思っていると考えて間違いありません。いわゆる営業声です。相手に好意を持ってもらいたいという心理が働き、明るく前向きで素敵な自分を演出しようとしているのです。

★ 落ち込んでいるとき

声が低くなっている

POINT 声のトーンが低くなったり、ぼそぼそとした調子になったりしているなら、気持ちが落ち込んでいるのかもしれません。平静を装っていても、落ち込んでいる心は声を低くしてしまいます。突然声が低くなったら、元気づけてあげましょう。

★ 承認欲求が強い人

大きな声で話す

POINT 自分の意見を主張したがる自己中心的なタイプに多いのが、大きな声で話す人です。自分のことを認めてもらいたいと願っている、承認欲求が強いタイプの人です。

★ 焦っているとき

早口になっている

POINT 焦ったり、緊張していたりすると、早口になりやすいです。何か心に気になることがあり、その気持ちをごまかそうとしてつい早いペースで話してしまうのです。不安を抱えているときは早口になりやすいと覚えておきましょう。

好み

趣味・趣向や好みは、人の気持ちが反映されているのじゃ。相手の好みがわかると、心理や性格もわかってくるぞ。

★ 自分に自信がない人①

派手な服が好き

POINT 派手な服を着ているということは、自分を大きく見せたいという気持ちの表れです。自分に自信がなく、他人と接することに不安を感じている傾向がある人ほど、派手な服を好む傾向にあります。

★ 自分に自信がない人②

アクセサリーが好き

POINT アクセサリーを多く身につけている人は、自分に自信がなく、見栄を張りたいと無意識のうちに考えてしまっている傾向があります。また、アクセサリーにこだわりがある人は保守的で頑固なタイプが多いです。

★ 周囲から取り残されたくないと思っている人

流行の服が好き

POINT 「みんなと同じものがほしい」という欲求が強く、流行を追いかける心理は、「周囲と同じでいたい」「取り残されたくない」という同調心理の表れです。協調性があるタイプですが、このように流されやすい一面も。

★ 自分をよく見せたい人

帽子が好き

POINT 帽子が好きで、たくさんの帽子を買い集めている人は、自分をよく見せたいという願望があります。自意識が強く、個性を大切にしているタイプです。部屋の中でも帽子をかぶる人は、自意識過剰の可能性もあります。

★ 変身願望が強い人

髪型をよく変える

POINT 頻繁に髪型を変える人は、自分への苛立ちを抱え、変わりたいという「変身願望」が強い傾向があります。意識的に髪型をよく変える人は、他人の目を相当気にしているか、注目を浴びたがっている傾向もあるでしょう。

★ 束縛を嫌う人

車が好き

POINT 車が好きな人は、束縛を嫌い、1人の時間を大切にしたいと思っています。また、一台の車を長く大事にする人は、人や物を長く大切にする傾向があります。逆に頻繁に車を変える人は、異性との付き合いも短い傾向にあります。

★ 見栄っ張りな人

大きい車が好き

POINT 車は、所有者の個性を反映している場合が多いです。大きい車に乗っている人は、多少見栄っ張りなところがあり、できないことをできると言ってしまったり、酔った勢いで奢りすぎてしまったりと、勢いに任せた行動を取りがちです。

★ ストレスに弱い人

甘い食べ物が好き

POINT 糖質にはストレスを軽減する効果があるといわれています。また、甘いものには、気分をよくするセロトニンというホルモンを分泌させる作用があります。そのため、甘いものが好きな人は、繊細でストレスを抱えやすい人と考えられます。

★ 刺激と変化を好む人

辛い食べ物が好き

POINT 辛いものが好きな人は、チャレンジ精神や知的好奇心が旺盛で、新しいものや変化を求める傾向にあります。また、パワフルで力強く、精神的にもタフな人が多いのも特徴です。

★ 積極的でエネルギッシュな人

肉が好き

POINT 肉はアミノ酸が豊富です。アミノ酸はアドレナリンの原料になり、アドレナリンは交感神経を活発にします。肉好きな人は活発で攻撃的。恋愛にも積極的で、状況を問わず突き進むことができるといわれます。

★ 穏やかでのんびりした人

野菜が好き

POINT ビタミンやミネラルなどを摂取できている野菜好きには、穏やかな人が多いといわれます。ビタミンは脳を活性化し、神経を落ち着かせる働きがあるため、野菜好きはあまりイライラせず、おとなしい人が多いと考えられています。

COLUMN
初対面の相手は褒めまくろう

　会話が弾むと嬉しいものです。しかも、相手が初対面だったら、そして異性だったら、喜びは倍増です。「かわいいよ」「かっこいいわね」どちらも、誰に言われても嬉しいはずです。ずっと付き合っている異性から、そう言われても心から嬉しいと思うでしょう。しかし、初めて会う人から、言われるほうが、遥かにドキドキするのです。

　アメリカの社会心理学者エリオット・アロンソンが唱えたので、これは「アロンソンの不貞の法則」と呼ばれています。不貞というと、身構えてしまいますが、初めて会ったその時が、最も恋愛を進めることができるという意味です。

　その法則、恋愛以外でも応用できると思いませんか？友人はもちろん、仕事にも使えそうです。ビジネスでは、初めて会ってまずは名刺交換というのがパターン。でも、そのときに相手を褒めたら、どうなるでしょう。「いきなりなんだろう」と思うでしょうが、お互いに知らないというハードルはクリアです。褒めれば、相手も嬉しく思うはずですし、親切にされればもっと嬉しいでしょう。そうやって人間関係を広めていってください。

第3章

相手の心に入りこむ裏心理術

いきなりお願い事や商談をしても、うまくいく可能性は低いもの。お互いの心の壁を壊した上で自分の意見を通すという順番が必要です。この章では、相手の心の動きを開き、自分の思い通りに操るテクニックを紹介します

相手の心を開くテクニック

相手の心に入り込むためには、まずは心のドアを開くことが必要じゃ。嫌われてしまってはどうしようもないぞ。

★ 悪印象を与えないために

常識的なマナーは覚えておく

POINT 交渉時は、最低限のマナーや礼節をわきまえておかないと足をすくわれる可能性があります。名刺の置き方、靴の揃え方、席次などで悪印象を与えてしまっては、劣勢からのスタートとなってしまいます。

★ 相手の注意を引くために

名前で呼びかける

POINT 雑踏の中でも、自分の名前などは自然と聞き取ることができます。これを利用して、相手の名前を呼びかけることを心がけましょう。相手は「自分へ話しかけてくれているのだ」と認識し、心を開いてくれやすくなります。

★ 初対面のとき①

満面の笑みを浮かべて接する

POINT 初対面の相手の心を開かせるには、まず自分が相手に対して心を開くことが効果的です。これをピグマリオン効果と呼びます。心の表情は外見にも出るもの。優しい表情で、まずは相手の気持ちをほぐすのです。

★ 初対面のとき②

まずは優しさをアピールする

POINT 仕事でもプライベートでも自己アピールは大切です。有能さを示すのも大切なことですが、相手の心の奥にまで踏み込むには、まずは優しさを全面に出しましょう。信頼を得てから能力の高さを示すことが効果的です。

★ 初対面のとき③

相手のいいところを褒める

POINT 初対面のときには、あなたが相手の素敵だと思ったところをまず褒めましょう。そこが相手のアピールポイントです。初対面でそこを見抜けば、「この人は私の事をわかってくれている」と思うはずです。

第3章 相手の心に入りこむ裏心理術

★ 相手を招くとき①

出迎える

POINT 高級レストランなどに行くと、店員が入口まで迎えに来てくれたりします。客は悪い気はしませんし、好印象を持ちます。同じように、誰かを招くときは出迎えるようにしましょう。ちょっとした気遣いですが、効果的です。

★ 相手を招くとき②

相手の好みを把握しておく

POINT 自宅に招いて食事をするときは、相手の好みを事前に把握しておきましょう。好きなものを出せば、「わかってくれている」と思い、一気に距離が縮まります。また、香りや音楽なども相手に合わせることができると、なお効果的です。

★ 相手を招くとき③

招く自分も楽しむ

POINT ホームパーティなどに招いた人に楽しんでもらうためには、まずホストが楽しむことが大事です。ホストとして次に出す料理などに気を使うのは大切ですが、場の楽しい空気を作るもの役目の一つです。

★ 相手方を訪ねるとき①

手土産を持っていく

POINT 仕事上での良好な関係の条件は、お互いに胸襟を開くことです。初対面のときや重要な商談の際には、手土産を用意しましょう。そんなに高いものでなくとも大丈夫。お土産（気持ち）を受け取ることにより、心の壁が少し下がるのです。

★ 相手方を訪ねるとき②

手土産を渡すタイミングを知っておく

POINT 手土産は、最初に渡すのが普通ですが、それがいいとは限りません。そのときの訪問を大事にしたいときは最初に、それ以降に交渉事があるなど、次回以降が大事になってくる場合は、別れ際に贈るほうが効果的です。

★ 相手方を訪ねるとき③

少し遅れて行く

POINT 約束の時間に遅れてはいけませんが、時間通りに着くより、少し遅れるほうがいい場合があります。ホームパーティーなどでは、ホストはギリギリまで準備に忙しいものです。この心遣いを「ファッショナブリー・レイト」と言います。

第3章 相手の心に入りこむ裏心理術

★ テーブル席に着くとき①

長方形のテーブルは「お誕生日席」へ

POINT テーブル席に座るときは、そのテーブルの形に注目しましょう。長方形で席次が決まっていないときは、「お誕生日席(長方形の短辺の席)」に座りましょう。おのずと周囲の注目を集めることができます。

★ テーブル席に着くとき②

円いテーブルを準備する

POINT 目上、目下といった関係性を超えて、積極的に意見を交わしたいときは円いテーブルを準備しましょう。上座・下座の意識がなくなります。また、着席した全員の顔をどこからでも見ることができるので意見を言いやすくなります。

★ 立食パーティーのとき

周囲の人に気を使う

POINT 立食パーティの場合、料理を取るために並ぶこともよくあります。料理を取り終えたら「お先にすみません」と次の人に声をかけましょう。近くにいる人にも料理を運び、「よければどうぞ」と勧めるのもよいでしょう。

★ 好感度を上げたいとき①

一緒に食事をする

POINT 人は、楽しい時間を共に過ごした相手に好印象を抱きます。単なる儀礼的な打合せであっても、美味しい料理を食べながらであれば、楽しい時間に変わります。これを「ランチョン・テクニック」と言います。

★ 好感度を上げたいとき②

相手のマネをする

POINT しぐさや言葉をマネされるだけで、人は無意識のうちに相手に対して好感を持ちます。話し方の癖や特定の言葉をマネする。メッセージアプリなら、相手が使う絵文字を使ってみてもいいかもしれません。ただし、やり過ぎは禁物です。

★ 好感度を上げたいとき③

ネガティブな面も伝える

POINT ビジネスでもプライベートでも、相手に何かを伝えるときは、ポジティブ面から入るものです。しかし、あえてネガティブな面を伝えることで「正直だから信用できる」という心理が働きます。

第3章 相手の心に入りこむ裏心理術

★ 親近感のわくスキンシップ①

挨拶しながら肩や腕に触れる

POINT 適度なスキンシップは、異性だけでなく同性でも好意を持つきっかけになります。特に男性同士は警戒心が生まれやすいので、タイミングよく自然に相手に触れると警戒心が解け、親しくなるきっかけになります。

★ 親近感のわくスキンシップ②

握手する

POINT 握手は、自然に相手とのスキンシップを取れる行為です。その上相手のパーソナルスペース（人それぞれが感じる自分の縄張りともいえる距離）に簡単に入ることができ、お互いに親近感が高まります。

★ 親近感のわくスキンシップ③

しっかりと握手する

POINT 握手もぞんざいにしていては悪印象です。3秒くらいしっかりと相手の手を握りましょう。握られた相手はあなたに積極的な印象を持ち、好意的に受け止めてくれるはずです。その後の会話の主導権を握るための巧妙な第一歩にもなります。

★ 自分を気に入ってもらうために①

親切にする

POINT 相手に好意を持ってもらうために、まずは極力親切にしましょう。やり過ぎというくらいでちょうどいいものです。相手は「こんなにしてくれたのだから、協力してあげないと」という感情を持ってくれます。

★ 自分を気に入ってもらうために②

自分の長所をアピールする

POINT 自分の長所を伝えることは、最高の自己アピールです。仕事の場であれば、相手にとって自分と付き合う上でメリットとなる部分を伝えましょう。多少嘘をついても〇K。それに近づくように努力すればいいのです。

★ 自分を気に入ってもらうために③

自分の短所を伝える

POINT 短所も上手に伝えればチャームポイントになります。下手に隠そうとしないのがコツ。笑顔で「私、おっちょこちょいで」と言われれば、相手を悪く思うことはありません。むしろ「飾らない人だな」と信頼感を持ってもらえます。

第3章 相手の心に入りこむ裏心理術

★ 相手への近づき方

相手の右側から近寄る

POINT 人は常に心臓を守ろうとする心理が働いています。そのため、心臓のある左側に立たれると威圧感や圧迫感を抱いてしまうのです。それほど親しい間柄でないうちは、相手の右側から近寄ることを心がけましょう。

★ 相手との距離

一歩近づく

POINT 「体の距離は心の距離」とも言われます。何かを話すときなどにも、一歩相手に近づいて話すようにすると、物事が相手に伝わりやすく、親近感も高まります。習慣にすることで、徐々に関係性も深まっていきます。

★ 良好な関係を続けるために

頻繁に会う

POINT 会う機会が少なくなればなるほど、次第に会いにくくなるものです。単純に接触回数を増やすことは思ったより効果的。例えば営業訪問なら、「近くに来たので!」と、用事がなくてもお客さんの所へ行くようにしましょう。

相手の心をつかむ会話術

会話を制する者は人間関係を制する。上手な話し方だけでなく、聞き方も知っておく必要があるのじゃ。

★ 話を盛り上げたいとき①

誰でも興味がある話題で雑談する

POINT 誰もが興味をもつ話題が「恋愛、お金、仕事、健康、幸運」の5つです。そして重要なのは、誰もが自分のことについて話すのが好きだということ。この5つについて相手の話を聞けば、きっとあなたに心を開いてくれるでしょう。

★ 話を盛り上げたいとき②

共通の話題をみつける

POINT どうにかして会話を盛り上げたいときは、相手も知っている共通の話題を探すことです。同郷、同年齢、または同じ趣味など、何かあるものです。ふとした雑談の中で見つけた接点から、相手の心をほぐして話を盛り上げていくのもテクニックです。

第3章 相手の心に入りこむ裏心理術

★ 話を盛り上げたいとき③

共通の知人の話をする

POINT 初対面の相手でも、共通の知り合いがいたりすると一気に打ち解けることがあります。そんなに親しい知人でなくてもＯＫ。「その人知っています」の一言が、会話を盛り上げる糸口になります。

★ 話を盛り上げたいとき④

自分の秘密を打ち明ける

POINT こちらから秘密を打ち明ければ、相手も自分のことを話したくなります。「返報性の原理」と呼ばれ、お互いに自己開示し合うことで、信頼関係が生まれるのです。話をするのは暗い場所がオススメです。心のガードが下がります。

★ 話を盛り上げたいとき⑤

失敗談で距離を縮める

POINT まず自分の失敗談を話すことで、相手との距離をグッと縮めることができます。面白い失敗談がないのであれば、誰かから聞いた失敗談を自分のことにして話してしまってもいいです。フィクションであってもOKです。

★ 気分よく話してもらうために①

相手の真意を汲む

POINT 相手が「仕事が大変で」と愚痴を言ったとします。そこには相手の真意が隠れています。「大変ですね」では不十分かもしれません。「上手くやっていますよ」と加えることで「認められたい」という相手の真意に応えることになるのです。

★ 気分よく話してもらうために②

聞いてほしい気持ちを刺激する

POINT 話しやすい相手と話しにくい相手がいるものです。聞き上手に共通しているのは、話したい気持ちを刺激するのがうまいこと。そして、適度な相づちや視線などを上手に使っているところです。

★ 気分よく話してもらうために③

自尊心をくすぐる

POINT 「あなただけ」と言われると、つい心を無防備にしてしまいます。大した内容ではなくても、「あなただけに話します」と伝えてみましょう。ただし、複数の相手に使うときは注意が必要です。

第3章　相手の心に入りこむ裏心理術

★ 気分よく話してもらうために④

自己重要感を刺激する

POINT　相手の機嫌が悪いときは、褒めることが重要です。着ている服や小物、室内の装飾品などを褒めるといいでしょう。単純な作戦ではありますが、「私は価値ある人間だ」と気分がよくなり、交渉など進みやすくなります。

★ 気分よく話してもらうために⑤

あえて頼みごとをする

POINT　頼みごとは相手に負担をかけることですが、上手に頼めば相手は粋に感じて取り組んでくれるものです。その頼みごとをしてもらうことの目的をしっかり伝えましょう。「あなたでなければ頼めない」という一言を添えると効果的です。

★ 気分よく話してもらうために⑥

7割相手に喋らせる

POINT　初対面の相手と話す場合は聞き役に徹してみましょう。誰でも自分の話を聞いてもらうのは嬉しいもの。相手が話すのを遮ることなく気持ちよく話してもらえば好印象を与えますし、相手の性質や本音もわかってきます。

★ 気分よく話してもらうために⑦

大げさに相づちを打つ

POINT 特に上司や目上の人が相手の場合、頻繁に相づちを打つことが効果的です。立場が上になればなるほど、意外と話を聞いてもらう相手を探しているもの。「こいつはちゃんと話を聞いてくれているな」と思わせたらしめたものです。

★ 気分よく話してもらうために⑧

大げさに肯定する

POINT 同じ「はい」という意味でも、「まさにその通り！」「心から賛成です」と、大げさに答えてみましょう。心理的なインパクトが増し、好意が高まります。逆に、否定的な応答をするときは、落ち着き気味に話しましょう。

★ 気分よく話してもらうために⑨

オウム返しをする

POINT 人は楽しく話せる相手を「面白い人」と記憶します。大切なのは「気持ちよく話せた」という実感。そのために効果的なのは、相手の言葉をオウム返しにすること。「バックトラッキング」という技術です。

★ 印象に残る話し方①

自分を主語にして話す

POINT どこかで聞いたような話は、相手に不信感を与えます。「私はこう思います」「私はこうしています」と、自分を主語にして話しましょう。特別な内容ではなくても、確信を持って言うことで、信頼感を持ってもらうことができます。

★ 印象に残る話し方②

秘密を共有する

POINT 秘密ほど甘美なものはありません。「ここだけの話」「誰にも内緒で」などと切り出し、二人の間で秘密を共有するのです。それが相手の利益になることであればなおさら。ほかの相手と同じ条件でも、言い方一つで印象は変わるのです。

★ 印象に残る話し方③

あえて話を途中で打ち切る

POINT 人は話が盛り上がっているところで一度打ち切ると、不完全なこととして記憶に留める傾向があります。盛り上がっているときに、一度中座してみましょう。戻ってくれば、相手は会話の続きが気になって熱心に耳を傾けてくれるのです。

★ 上手な褒め方①

ちょっとしたことも褒める

POINT どんなに些細なことでも、褒められればやっぱりうれしいもの。目に付くものを片っ端から褒めてみましょう。「調子のいい奴だな」と思われるかもしれませんが、悪印象は与えないものです。

★ 上手な褒め方②

率直に褒める

POINT 褒めるときは、単純に素晴らしさを称えるだけでOK。「素晴らしいお庭ですね」で十分です。「まるで京都のお寺のようですね」などと、うまく言おうとする必要はありません。簡単な言葉が相手のハートに刺さるものです。

★ 上手な褒め方③

ビジネスとは関係ない部分を褒める

POINT 特にビジネスで成功している人は、その分野で褒められることに慣れています。家族のことや趣味など、あえてビジネスとは関係ない部分を褒めてみましょう。ほかの人とは違う特別感を演出できます。

第3章 相手の心に入りこむ裏心理術

★ 上手な褒め方④

関係が浅いうちに褒める

POINT 古くからの親しい知人に褒められるよりも、馴染みのない人から褒められるほうが、心に響きやすいものなのです。これは「アロンソンの不貞の法則」といわれるもの。知り合ったばかりがまさに褒め時なのです。

★ 上手な褒め方⑤

「みんな褒めていますよ」

POINT 目の前の人だけでなく、その場にいない「Aさんも褒めていました」と伝えられれば、相手はよりうれしくなります。本当にAさんが褒めていなくても大丈夫。まさかその相手がAさんに「私のこと褒めてた？」とは聞かないはずです。

★ 上手な褒め方⑥

ライバルこそ褒める

POINT ライバルであるということの裏を返せば、相手を認めているということでもあります。その相手に褒められれば、誰でも悪い気はしません。一見悔しい行為に思えますが、上手に使えば相手を飼いならせるようになるテクニックです。

怒りをおさめる謝罪

謝罪は気の重いもの。しかしうまく謝意を伝えることができれば、逆に大きなチャンスになることもあるぞ。

★ 謝罪の場での動作

深々と頭を下げる

POINT 謝罪の場は、あなたの誠意を見せる場です。両手両足を揃えて立ち、上半身を45度前に傾けて、深々と頭を下げます。その態度に相手は誠意を感じます。とにかくまずは「申し訳ありませんでした！」と深く頭を下げることが大事なのです。

★ 謝罪の場でやってはいけないこと

自分の言葉で伝える

POINT 紋切り型の謝罪は相手の心に届きません。もちろん最低限の言葉使いは必要ですが、拙くても自分の言葉で謝るようにしましょう。上級者のテクニックとして、あえて言い淀んだりすることで「反省の心」を演出することもできます。

★ よい謝罪の構成要素①

謝罪の構成要素を把握する

POINT 相手が誠意を感じる謝罪のための構成要素は、「ミスの認識」「責任」「悔恨」です。謝罪の言葉を述べるときはこの三つを忘れないようにしましょう。その後に「二度としない」と伝えれば、ひと通りの謝罪はできています。

★ 悪い謝罪の構成要素②

「正当化」と「弁解」はしない

POINT どんな状況でも、謝罪には「正当化」と「弁解」の要素を入れないように心がけましょう。相手に誠意が伝わりにくくなります。特に大きな企業のクレーム対応など、自分に責任はなくとも謝らなければいけないときに注意が必要です。

★ 気持ちを込めた謝罪

謝罪でしか使えない言葉で謝る

POINT 謝罪のときにしか使えない言葉があります。例えば「不徳の致すところ」「慙愧の至りです」など。これらの言葉を使うだけで重々しく反省している印象を与えることができます。ただし、多用には注意です。

★ ミスをしたとき①

謝罪は時間との戦い

POINT 何よりも最初にすべきなのは、迷惑をかけた相手への謝罪です。言い訳を考えるより前にすぐに頭を下げましょう。その姿勢が相手の心を和らげます。

★ ミスをしたとき②

セカンドチャンスをお願いする

POINT 謝罪に行けば叱責が待っています。それらはすべて受け入れましょう。それらがすべて済んでから、「セカンドチャンスをください」とお願いします。謝罪というピンチは、ときに大きなチャンスに変わるのです。

★ ミスをしたとき③

むきになって反論をしない

POINT 強い口調で不満を話す相手に、受け手が反論していてはいつまで経っても怒りを収めることはできません。「おっしゃる通りです」と受け止めてから、話し始めるとよいでしょう。相手が怒っていたらまずは怒りを落ち着かせることが大切です。

第3章 相手の心に入りこむ裏心理術

★ クレーム対応①

前向きに対応する

POINT クレーマーも実は大切な顧客。クレーマーが企業のクレーム対応に満足した場合、その8割が同じ商品を再度購入するといわれています。真摯に、そして素早く対処することがその後のビジネスにつながっていきます。

★ クレーム対応②

無茶なクレームには沈黙する

POINT クレームが無茶な理屈だった場合、対応しようとしても難しいものです。そうしたとき、押し黙るという手があります。対面であれば表情にも注意。本当に反省している(ように見える)相手に、人は長時間怒ることはできません。

★ 謝罪のあとですること

自筆のお詫び状を送る

POINT 謝罪後に会社や自宅に帰ったら、すぐに自筆のお詫び状を送りましょう。直接の謝罪のあとにも謝罪の言葉を重ねることで、少しずつ信頼が戻っていきます。これも「すぐに」することが肝要です。

自分の意見を通す会話術

無理矢理にでも自分の意見を通したいときがあるものじゃ。少しでも成功率を高める方法を紹介するぞ。

★ 聞く人の記憶に残るために①

後半に発言する

POINT 人は記憶しなければいけないことがいくつかあるとき、先に聞いたことより、後に聞いたことの方を覚えるといわれています。これは「系列維持効果」と呼ばれます。会議などでは、最後の方に発言することを心がけましょう。

★ 聞く人の記憶に残るために②

ゆっくりと話す

POINT ゆっくりと話すことで、心のうちを見せているという印象を相手に与えることができます。自分の意見を言うときほど早く話したくなってしまうものですが、グッと堪えてしっかりと話すように心かけましょう。

★ 説得力を持たせたいとき①

比喩表現を使いこなす

POINT 「かかり付け医のように対応します」といったように、たとえや比喩表現を使うことで説得力が増します。際立ったアピールポイントがなくても、うまく比喩を使うことで相手にわかりやすく、納得させることができるのです。

★ 説得力を持たせたいとき②

多数派を思わせる主語を使う

POINT 人は周囲の多数意見に同調しやすい性質があります。特に通したい意見を述べるときは「私たち人間は」「我々ビジネスパーソンは」のように、主語を複数形にすると効果的です。周りの雰囲気や関係性を考えて、使い分けましょう。

★ 説得力を持たせたいとき③

3回以上繰り返し言う

POINT 同じことでも3回言われることで、1回の場合より6倍も記憶されやすくなることがわかっています。これはさまざまな場面で応用できます。大事なキーワードを繰り返して説明すれば、効率よく刷り込むことができるのです。

★ 説得力を持たせたいとき④

偉い人が言っていたことにする

POINT 誰でも権威には弱いものです。自分の意見として言うだけでは説得力が弱いと感じる場合は、「専門家が言っていた」「上司が言っていた」ことにして、自分以外の権威を利用しましょう。

★ 流れを変えたいとき①

流れが来るまで持ちこたえる

POINT 少数派の意見であっても、一貫して主張し続けていると、集団が耳を傾けるようになります。長い会議の中で、いろいろと攻撃されても耐えられるだけの準備をして、流れが来るのを待ちましょう。

★ 流れを変えたいとき②

あえて沈黙する

POINT 人は議論をするとき、相手が自分の言っていることを理解しているのか、反応を確かめながら話しています。こちらが沈黙すれば、相手は反応を読めなくなります。それが「自分の意見は正しいのだろうか」という不安につながり、流れが変わるのです。

★ 流れを変えたいとき③

相手のリズムを狂わせる

POINT 自分が不利な形成になったときの交渉では、時間を空けるなどして相手のペースを乱すことが大切です。「ちょっとトイレに」が一番便利です。相手も「それは駄目だ」とは言えないからです。

★ 流れを変えたいとき④

食べものを配る

POINT 自分の意見を受け入れてもらいたいときは、簡単なものでいいので、食べ物を配るようにしましょう。人は何かを口にしたあとに優しい気持ちになります。食事のあとでも同じような効果を期待できます。

★ 相手の機嫌を損ねないために①

一度受け入れてから自分の要望を主張する

POINT 例えば安価で仕事を頼まれた際、ただ断ってしまっては相手の機嫌も悪くなってしまいます。「わかりました。ただし、納期を2週間程度あとにしてください」といったん相手の話を受けてから、こちらの主張を伝えるようにしましょう。

★ 相手の機嫌を損ねないために②

提案型で伝える

POINT 相手と意見が食い違うとき、強硬に「こうしてください」と伝えても反感を買うだけです。「こうするのはいかがでしょうか」と提案型で伝えるようにしましょう。言うことは同じでも、相手に伝える印象は格段に柔らかくなります。

★ 相手の機嫌を損ねないために③

相手の顔を立てる

POINT 誰でも自分の顔に泥を塗られた相手は憎く思うものです。自分の意見を通すときも、相手の希望を一部受け入れたり、そのあと別の意見を受け入れたりなど、相手の顔を立てることを忘れないようにしましょう。

★ 相手の機嫌を損ねないために④

トドメを刺さない

POINT どんな勝負でも、相手にトドメを刺してはいけません。まともな対処方法を失った相手は、なりふり構わず徹底抗戦してきます。欲しい結果を得たらそれ以上は攻めないようにしましょう。

★ 相手の意見を知るために①

一般論から会話を始める

POINT 相手の気持ちを知ろうと質問しても、はぐらかされることも多いもの。そんなときに使えるのが「一般的にはどうですかね」という聞き方。相手にとっては「自分の意見」ではなくなりますが、意外と本音を言うのです。

★ 相手の意見を知るために②

あえて反対の意見を言う

POINT 聞きたいことをあまり話してくれないとき、あえて相手とは違う見解をぶつけることで、より自分の意見を言ってくれることがあります。「それは違う」ということを伝えるためには、「何が違うのか」を説明しなければいけないからです。

★ 強引に自分の意見を通したいとき①

複数の提案をする

POINT 自分の企画などを通したいときは、複数の提案をしましょう。自然と「やるかどうか」でなく、「どれが一番か」となるからです。その上で「これがベストだと思います」と押せば、通る可能性は格段に上がります。

★ 強引に自分の意見を通したいとき②

サクラを準備しておく

POINT 2人以上に否定されると、人は15％ほど自信を失うと言われています。会議などでは利害関係の生じない、第三者にサクラになってもらいましょう。自分の意見を主張するだけでなく、対立意見を潰すこともテクニックの一つです。

★ 強引に自分の意見を通したいとき③

表情と口にする言葉のギャップを利用する

POINT 発言者の表情と発言にギャップがあると効果的です。「この意見は受け入れられない！」と満面の笑みで言えば、相手はその真意を探ろうとします。「本当は逆のことを考えているのでは？」と思わせることができればしめたものです。

★ 強引に自分の意見を通したいとき④

会話のスピードを上げる

POINT ゆっくり話すより早口で話すほうが、相手は自分の意見を2倍以上理解してくれるといわれています。自分の意見に否定的な相手の態度を変えたいときは、会話のスピードを上げることが効果的です。

★ 周りを巻き込む①

まずは3人の賛同者を探す

POINT 自分1人では通しづらい意見でも、賛同者が増えれば通りやすくなります。たとえ賛同者の人数が少なくても、意外に高い効果が得られます。「1人だったのが3人になった」という事実が、勝ち馬に乗ろうとするほかの人の心理を刺激するのです。

★ 周りを巻き込む②

権限者に助言を求める

POINT 助言を求めることで、相手が自分を指示してくれるようになるという効果があります。一度NOと言われた提案や企画は、権限者にアドバイスを求め、改善策を提示しましょう。案外、NOがYESに変わるかもしれません。

★ 周りを巻き込む③

「異論はありませんか？」

POINT 会議で「異論はありませんか？」と聞かれると、多少おかしいと思うようなことでも「まあいいか」と思ってしまうものです。最後の一押しがほしいときにこの言葉を使ってみましょう。

相手の心理を利用する技術

人の心理の裏側を知ればたやすく操れるもの。少しズルい方法もあるが、必ず役に立つはずじゃ。

★ 好感度を上げたいとき①

ドジを演出して好感度を上げる

POINT 「人は軽い失敗をした相手をさらに好きになる」という心理を利用して好感度を上げましょう。ちょっとしたドジは格好の材料です。ただし、やり過ぎてはただの「頼りない人」になってしまうので注意です。

★ 好感度を上げたいとき②

柔らかいものや温かいものに触れさせる

POINT 柔らかいものや温かいものに触れると、人間の心は和らぎます。ホットドリンクを勧めたり、ふかふかのソファで話したりするのも効果的です。警戒心をほどき、好感度を上げることができます。

第3章 相手の心に入りこむ裏心理術

★「噂」の力を利用する①

不確かな情報を伝える

POINT 不確かな情報も、使いようによっては有効です。ライバル企業の相手に、共通の取引先について「あの会社は危ないらしい」と言えば、相手は万が一に備えて、距離を置くかもしれません。その隙に売り込みをかけるのです。

★「噂」の力を利用する②

相手にとって有利な噂を流す

POINT 人は自分に有利な情報を信じようとします。噂は信用できないと思っていても、そこに自分にとってのメリットがあれば信じたくなるのです。これを逆手に取れば、自分にとって有利になるように環境を変えることもできるでしょう。

★「噂」の力を利用する③

よい噂を流す

POINT 仲間からの信頼を得るためには、よい噂だけを口にしましょう。単なる噂であっても、他人のよい話を口にしたあなたも同じようによい人と思われます。これを「自発的特徴変換効果」と言います。

★ 人の好奇心を利用する

「秘密」の情報を提供する

POINT インターネット時代になり、情報の価値が今まで以上に上がりました。特に誰も知らない秘密の情報は高値です。ありきたりの情報を「限定」「参加者だけ」とするだけで興味を持つ人が出てきます。その好奇心を利用しましょう。

★ 自分の評価を高めたいとき

途中経過は低めの数字で報告する

POINT 自分が手かけるプロジェクトなどの達成率や進行度合いを途中で報告する際は、本当の数字より低めに伝えましょう。相対的にその後の伸び率が上がり「スゴいやつ」と認定される可能性が上がります。

★ 信憑性を持たせるために

一部分だけ真実を盛り込む

POINT 人は、一部でも真実だと思うと、話の他の部分もすべて無批判に受け入れてしまいがちです。作り話でも、一部だけ事実だと相手が認識できる話を混ぜておくと、信憑性がぐっと増します。

★ 自信家を攻略する方法

自分で判断させる

POINT　相手が自信家の場合、商談などで積極的に勧めると逆効果になるときがあります。情報だけを提供して、判断は相手に任せてみましょう。「自分で判断した」と思わせることが、攻略の手段です。

★ 他者同士が争っているとき

そそのかして漁夫の利を得る

POINT　自分以外の人たちの争いは、自分にとっての利益につながることが多いものです。誰かと誰かが対立していたら、中立を装って、対立している者同士の情報を流してみましょう。思わぬ利益を得るかもしれません。

★ 相手によい記憶を残す

話し合いの最後に小さな譲歩をする

POINT　あとから与えられた情報の方が記憶が残りやすいといわれています。話し合いなどでは、最後の最後に小さな譲歩をしましょう。話し合いの大半がこちらに有利に終わったとしても、いらない反感を抱かせないようにできます。

★ たくさんのお願いをしたいとき

同時に複数のお願いをする

POINT　複数のお願いをしたいときは、一度に伝えると効果的です。相手にとってみれば、一つの頼み事を断ることはできても、いくつも断るというのはしづらいもの。断られたことは時間を置いて、また別の件と同時にお願いしましょう。

★ 無理そうだと思ったとき

相手から同情を得る

POINT　「同情」とはとても強く人の心を動かします。商談などが無理そうだと感じたら、実際にそうではなくても、「これを断られれば会社に僕の席はなくなるかもしれません」などと言ってみましょう。ダメでもともとです。

★ カリスマ性を演出したいとき

会話を素早くつなぐ

POINT　カリスマ性を身につける技術の一つに、「素早く会話の受け答えをする」ということがあります。「なるほど」「そうですか」「本当ですか？」など、簡単な言葉でも大丈夫。頭がよくて、判断力があると思わせることができるのです。

第3章　相手の心に入りこむ裏心理術

仲間を操る方法

仕事は1人だけでうまくいくものではない。チームの結束力を高めて全体のレベルアップを図ることが大切じゃ。

★ リーダーの心構え

人間の負の要素を知っておく

POINT グループで仕事をする場合、誰もが「みんなでがんばろう」と考えるわけではありません。「オレ1人がサボっても大丈夫」という意識が働くこともあります。そうした人間の負の要素を踏まえた統率力を持つことがリーダーの条件です。

★ 仲間のモチベーションを高めたいとき①

「見られている」状況を作る

POINT 人から見られていると、効率的に仕事ができます。監視的な意味もありますが、注目されているようにも感じて、意欲も上がります。チームで動くときは、お互いがお互いを見ることのできる状況を作りましょう。

★ 仲間のモチベーションを高めたいとき②

退路を断つ

POINT 総力戦になれば集団としての力が勝負の鍵を握ります。やる気のない仲間がいたら、「これが駄目だったら後はない」と退路を断ちましょう。誰もが同じ覚悟でいるという思いがモチベーションアップにつながります。

★ 仲間のモチベーションを高めたいとき③

相応の対価を与える

POINT 労働や成果の対価があるからこそ、人は仕事に邁進できます。どれだけがんばっても同じ対価であれば、誰も働かなくなるのは当たり前。グループの士気を高めるなら、成果に応じた対価を与えることが何より大切です。

★ 仲間のモチベーションを高めたいとき④

「自分だけの役割」を与える

POINT 仕事をする上で「やりがい」はとても大事な要素です。「みんなで頑張る」という団結の上に「自分にしかできないことがある」という誇りを感じることができれば、何よりも大きなやりがいとなります。

★ 結束力を高めたいとき①

ストーリーを伝える

POINT ゴールが見えなければ、その道のりはただただ苦しいものになってしまいます。ゴールを設定し、そこまでの道のりをチームで共有します。順序立ててストーリーで伝えることで、チームが一丸となって進むことができるのです

★ 結束力を高めたいとき②

共通の敵を作る

POINT 人と人は、共通の敵を作ることで強く結束するといわれます。チーム内のつながりを強めるためには、具体的な敵を作りましょう。ライバル企業でも、ときには自分たちより上の立場の上司であってもいいでしょう。

★ 結束力を高めたいとき③

ゴールと敵を組み合わせる

POINT 共通のゴールを設定した上で、そこに敵を組み合わせるとさらに効果的です。「目指すべきゴールがある。そこに行くのを邪魔する奴がいる」という思いが、より強い団結力となるのです。

★ 個人プレーが得意な人には

あえて管理しない

POINT グループの中には、「ほかの人に迷惑をかけてはならない」と勝手にブレーキをかけてしまう人もいます。そういう人は、あえて管理を緩めてみましょう。自由に動くことで結果を出し、チームに還元してくれるはずです。

★ 誰かがミスをしたとき

みんなの前でミスを指摘しない

POINT 集団での仕事にやりがいを感じている人ほど、自分の失敗を周囲に知られたくないと思っています。仲間が何かミスをしたときなどは、ほかに人がいない状況で指摘しましょう。強くまとまった組織ほど、公開処刑は逆効果です。

★ 優れたリーダーの話し方

「なぜ」「どうやって」「何を」の順で話す

POINT 「優れたリーダーの行動の促し方」を示す、ゴールデンサークル理論によると、①なぜ、②どうやって、③何を、の順で話を進めると、共感を得られやすくなります。仲間を率いる立場であれば、覚えておきたいテクニックです。

第3章 相手の心に入りこむ裏心理術

部下を操る方法

上司にとっては、部下の仕事が自分の評価にもつながるぞ。うまくやる気を出させてやるのじゃ。

★ 部下を成長させたいとき①

「それで、どうする」を繰り返す

POINT　失敗を詫びる部下に、「言い訳をするな！」と怒鳴りつけてはいけません。言い訳だと感じたら、「それで、どうするんだ」を何度もぶつけましょう。彼らは自分で答えを探して、できうる最大の善後策を実行することでしょう。

★ 部下を成長させたいとき②

細かな指示を出さない

POINT　人使いの巧みな上司は、細かな指示を与えません。部下に自分で考えて仕事をさせます。期日が迫った仕事も、「君だけが頼りだ」と言い、相手のやる気を出させて、自発的に取り組むように誘導します。

★ 部下を成長させたいとき③

少し難しい仕事を与える

POINT 人は、楽をしたがる生き物であると同時に、苦労がないと満足感を味わえない生き物でもあります。少し難しいけれど自分の頑張り次第でどうにかなるという仕事をしてもらうことで、モチベーションを上げるように誘導します。

★ 部下を成長させたいとき④

普段から持ち上げておく

POINT 嘘でもいいので、普段から部下を持ち上げておきましょう。月に1度でも、「オマエしかいない」と言っておくことで、上司と部下の距離はぐっと縮まっていくのです。少し面倒だと思うかもしれませんが、結果的に自分のためになります。

★ 厳しい仕事をさせるとき

「キャロット」をぶら下げる

POINT ときには部下に厳しい要求をするケースがあります。そのときに有効なのが「キャロット」です。その名の通り「ニンジン」。つまりご褒美です。褒美と作業の質が釣り合っていれば、部下は動いてくれるはずです。

★ 部下のやる気を引き出したいとき①

最初におだてて、最後に背中を押す

POINT 簡単な仕事を頼むときでも「君なら大丈夫」とおだてて、自信を持たせるようにしましょう。難しい仕事で部下が尻込みしても、「もうやるしかないよ」と退路を断ってあげれば、「何とかできるだろう」という気持ちになってくれます。

★ 部下のやる気を引き出したいとき②

みんなの前で1人を褒める

POINT 複数の部下をまとめて褒めてもあまり効果的ではありません。全体の能力をアップさせるなら、特定の1人を褒めるのが効果的です。他の部下は相対的に自分の評価が下がったと感じます。そのことで全体の士気が上がるのです。

★ 部下のやる気を引き出したいとき③

アメとムチを使い分ける

POINT 期待をかけることは相手の気持ちを高揚させます。効果的なのは、相手の気持ちが落ち込んでいるとき。その心理を利用します。最初に厳しい言葉で落ち込ませてから激励すれば、相手の気持ちはマイナスから一気にプラスにアップします。

★ できない部下には①

目標を少し下げる

POINT 成績が伸びない部下には、あえて目標を少し下げてあげます。人は高すぎる目標に対してはやる気が出ません。手の届きそうな目標を頑張って達成する。その経験が、本人の向上心につながるのです。

★ できない部下には②

ビジネスアイテムをたくさん置く

POINT 人間の脳は周囲の環境に影響を受けます。これをプライミングと呼びます。仕事に身が入っていないと感じる部下がいたら、ビジネスを連想できるアイテムが常に視野に入っている場所で仕事をさせることで、改善するでしょう。

★ できない部下には③

回覧に「人の目」のマークを入れる

POINT ルールを守らない人には、ルールを記した回覧などに、「人の目」のマークやイラストを入れてみましょう。細かな工夫ですが、誰かが見ているという意識により、ルールを守らなければならないという気持ちにさせることができます。

第3章 相手の心に入りこむ裏心理術

上司を操る方法

厳しい上司も、ちょっとしたコツで自由に扱えるようになるぞ。自分のやりやすい環境を作るのじゃ。

★ 無茶な指示をされたとき

責任の所在を確認する

POINT サラリーマンも上意下達の世界に生きています。上司に「嘘をついて仕事を取ってこい」と無理なことを言われたら、「会社全体を巻き込みますよ」と確認しましょう。上司も自分の責任問題となれば、無理な命令を引っ込めます。

★ 嫌いな上司には

あえて一緒に食事にいく

POINT 食事に誘われたら、たとえ嫌いな上司でも、思い切って行くようにしましょう。食事は相手との距離を縮める最高のイベントです。美味しい食事は緊張を和らげ、親近感を生み出してくれます。意外にいい人だったということもあるのです。

★ 上司の性格を知りたいとき

ほかの人の評価を聞いてみる

POINT 上司の性格を一発で見抜く方法は、別の人物を評してもらうことです。成績や能力についてならいいのですが、「あの人は裏がある」と性格的にネガティブな評価だったら、評した人もネガティブの場合が多いのです。

★ 上司の意見を変えるコツ①

上司の主張をまず受け入れる

POINT 「そんなこと聞いていない」と上司が言うこともあるでしょう。そのときに「伝えたはず」と主張しても意味がありません。「そうでしたか。失礼しました」と上司のメンツを潰さないでおきます。すると、上司も非を認めやすいのです。

★ 上司の意見を変えるコツ②

過剰なまでに肯定する

POINT どう考えてもおかしい意見を持っている人の考えを変えるには、極端なぐらいその意見を肯定しましょう。極端に誇張することで逆に上司が冷静になり、自分の意見を顧みるようになるのです。

第3章 相手の心に入りこむ裏心理術

★ 自分の意見を通したいとき①

多数派の意見に見せる

POINT 上司に通したい意見があれば、データを数値で表し、自分の意見が多数であることを明らかにします。「9割が肯定的ですが、部長のご意見は」という形です。数字は多少誇張しても問題ないでしょう。

★ 自分の意見を通したいとき②

スカイプやチャットで交渉をする

POINT 自分より立場が上の人と話をするときは緊張してしまうもの。言いたいことが言えずに終わってしまうことも多いです。直接話すのではなく、スカイプやチャットを使うことで心理的な壁を低くします。

★ 複数のテーマを話し合うとき

話の優先順位をつける

POINT 複数の事柄について上司と話し合う場合、話がまとまらないということはよくあります。事前に、話すべき項目に優先順位をつけるようにしておきましょう。どこに注力すべきかを見失わないですみます。

★ 給料アップをお願いするとき

最初に切り出すときは攻撃的に

POINT 給料交渉をするときはアンカリング効果を利用しましょう。これは、最初の情報が基準になるということ。つまり、本当の望みより高い額を最初に提示するのです。下がってもともとですし、もしかしたらそのまま通るかもしれません。

★ 上司を動かしたいとき

自分で決めたと思わせる

POINT 上司は部下に命令されるのを嫌います。ですので、動いてもらいたいときは上司が自分で決めたと思えるように誘導しましょう。「〜の件を明日までにご検討いただけますか？」という言い方で上司に確認を求めるのです。

★ 上司に助けてもらいたいとき

優しい上司のキャラ付けをする

POINT 困っている部下をほったらかしの上司も多いはずです。そういう場合は、上司をいいキャラづけをしましょう。「○○さんは最後に助けてくれるじゃないですかー」と、助けざるをえないように持っていくのです。

第3章 相手の心に入りこむ裏心理術

COLUMN

会食で好印象

　ニュースで首相や大統領が会食しているのを見る機会があると思います。大きな会社の社長もそうです。ではなぜ、政治家や社長は、食事をしながら大事な政策や会社の方針を話し合うのでしょう。

　アメリカの心理学者グレゴリー・ラズランが、食事をしながら相手と話すことで、相手によい感情を持つということを唱えました。食事をしてとありますが、美味しいことが必須です。ラズランが興味深い実験をしています。不快な臭いが充満している部屋で食事をした場合、相手には否定的な評価が上がったのです。

　美味しいものを食べると、心が満たされ、快楽が生まれます。それと、食事中の会話が快楽と結びつくのです。それによって、「よい会談だった」という印象が記憶に残ります。それが「ランチョン・テクニック」です。

　さらに笑顔で食事が進めば、より発展的な結果につながっていくことでしょう。

第4章

「イエス」を引き出す裏心理術

ビジネスでは人間の微妙な心理の変化が大きな結果の違いを生むものです。その変化を自分で操ることができれば勝ったも同然。この章では「交渉」に焦点をあて、YESを引き出す実践的なテクニックを紹介します。

断れない状況を作る

交渉において、まずは状況づくりが大事じゃ。時間や場所など、こちらに有利なように仕立て上げるのじゃ。

★ 交渉に有利な時間①

相手が疲れている時間帯を指定する

POINT 黄昏時は、疲れがピークに達し、体内、時間的には一番不調な時間帯です。判断力・思考力が低下し、反論する気持ちが弱まるため、相手のペースに飲まれやすいのです。こちらは日中に仕事をせずに、準備万端で臨むのも手です。

★ 交渉に有利な時間②

昼食後の時間を狙う

POINT 昼食を食べてからしばらくの時間は、眠気を覚えやすい時間とされています。交渉では、あえてこの時間を指定して、自分は早めに、あるいは交渉後に食事を摂るようにするとよいでしょう。

★ 交渉に有利な場所①

ステータスの高い場所を選ぶ

POINT 交渉の場の選択によって、相手が抱く印象は大きく変わります。例えば、一流ホテルのラウンジは交渉の場所として適しています。ステータスがある場所を使うことで、本気度と相手への信用度の高さを伝えることができるのです。

★ 交渉に有利な場所②

自分が慣れた場所で交渉する

POINT 交渉では、自分が馴染みのある場所、慣れている場所、つまり自分にとって「ホーム」の場所を指定しましょう。自社のオフィスや自宅などがよいでしょう。相手にとっては不慣れな環境となり、緊張を強いるはずです。

★ 交渉に有利な場所③

あえてアウェイで交渉する

POINT あえて相手のホームで交渉することも有効です。相手に気の緩みが生まれるかもしれません。この場合は、事前の徹底した準備が必要です。アウェイでもしっかりと交渉できるという自信を持てるようになったら試してみましょう。

★ 交渉がまとまりやすい状況

食事中に交渉する

POINT　食事をしながら話をすると、オキシトシンという愛情に関するホルモンが分泌され、相手に好意を抱きやすいという説があります。お店は美味しく雰囲気がよい自分の行きつけで、おごるのが鉄則。その場をコントロールすることが大切です。

★ 相手の気を緩ませるために

座って交渉する

POINT　人間は座った状態だと気が緩み、逆に立った状態だと緊張した状態になります。相手の本音を引き出すには、相手を座らせるとよいでしょう。また、本音を引き出すタイミングとしては「緊張状態のすぐ後」が効果的です。

★ 交渉を優位に運ぶために

相手に「貸し」を作る

POINT　交渉相手には「貸し」を作るようにします。「交渉時間に遅れることを許す」や「コーヒーをおごる」など、些細なことで構いません。そんなことでも交渉が優位に運ぶこともあるのです。逆に「借り」は作らないように注意です。

★ 後でひっくり返されないために①

相手の交渉窓口は一つに絞る

POINT 相手方の交渉窓口は、一つに絞ることが鉄則です。複数になると言い分がバラバラになります。また責任が分散されることで、真剣に考えてくれない危険性もあります。合意がとれても後になってひっくり返される場合があるのです。

★ 後でひっくり返されないために②

書面やメールで証拠を残しておく

POINT あらゆる約束事は証拠を残しておくことが大切。言った言わないの話になったとき、証拠がなければ、それ以上の進展は望めません。形式張ったものでなくてもOK。メモや走り書きでも万が一のとき、十分に役立ちます。

★ 後でひっくり返されないために③

相手に証拠を渡さない

POINT 上記とは逆に、相手に証拠を渡さないというテクニックもあります。違法販売をしている業者は、客に契約書を渡しません。違法を証明させないためです。証拠がないなら、自分の都合のよいように状況を作れるのです。

★ 長期戦覚悟で

終了時間は決めない

POINT 一旦交渉に入ると、相手の性格や問題の質などさまざまな要因から、終了時間は読みにくいものです。最初に時間を決めてしまうと、不利になることもあり得ます。終わりの時間は決めずに、あるいは長めに予定するといいでしょう。

★ 上手くいったあとは

下手に欲をかかず撤収

POINT 交渉においてある程度の目標が達成できたら、さっさと終わらせるようにしましょう。下手に欲をかくと、終わったことを蒸し返されたり、こちらの足下を見られかねません。当初の設定目標を守ることが大切です。

★ それでもダメな時は

責任をかぶせる人物を見つけておく

POINT どんなに優秀な人物でも、すべての交渉事で成功するとは限りません。うまくいかないと思ったら、ほかの人に相談してみましょう。それでダメならその人に責任をかぶせます。ズルいようですが、保険を確保している人が生き残るのです。

「ノー」を抑え込む論法

断られなければ、交渉には負けない。会話をズルく組み立てて、相手を断りづらい心理に追い込むのじゃ。

★ 最初にエサを与える①

メリットから伝える

POINT 相手をその気にさせたいときは、メリットを最初に言いましょう。「この壺を買えば、悪い霊気が取れ、あなたは見違えるように元気に、若々しくなる！」という具合に堂々と、はっきり言うのがコツです。

★ 最初にエサを与える②

無料サービスを提供

POINT 相手に大きな見返りを望むとき、先手を打って無償・無料のサービスをします。他人から施しを貰うと、人は何かお返しをという心理が働くからです。安物でもかまいません、大切なのはインパクトです。

★ 最初にエサを与える③

「子犬商法」で相手につけ込む

POINT 最初に限定的な利益を与えることを「子犬商法」と呼びます。オンデマンドのビデオで最初の2週間が無料になるようなことがありますが、それと同じです。利益を長期的に考えて、最初に相手に魅力的な条件を提示してみましょう。

★ 最初にエサを与える④

「目先の利益」を強調する

POINT 人は将来の大きな利益より、目先の小さな利益を魅力的に感じます。マルチ商法など、将来的にはマイナスであることがうすうすわかっていても、「すぐに利益が出る」という文句に騙されるのです。

★ 説得力の持たせ方①

権威付けをする

POINT 「○○ランキング第1位」「○○賞受賞」「○○認定」といった権威付けには、強力な説得力があります。これを利用した裏技として「○○賞」「○○ランキング」としか謳わない（受賞はしていない）手法すらあります。

★ 説得力の持たせ方②

数字を大きく見せる

POINT 「1g」より「1000㎎」、「100万人」より「1,000,000人」。数字を大きく見せてインパクトを与えましょう。ズルいように感じるかもしれませんが、嘘はついていません。立派な広告テクニックの一つです。

★ 説得力の持たせ方③

具体的なデータを示す

POINT 「多くの人が支持している」ということを示すには、「若者の多くが購入している」よりも「10代の若者の8割が購入している」としたほうが説得力があります。具体的であればあるほど相手は納得します。

★ 説得力の持たせ方④

理由付けをする

POINT 人の脳は「〜だから」「〜なので」という接続詞に強く反応してしまいます。多少無理に思える理屈でも、この2つのキーワードで押し通してみましょう。意外にスムーズに要求を通せるかもしれません。

★ 説得力の持たせ方⑤

これまでの経緯を文書でまとめる

POINT 人は口で言われたことよりも、書かれたものを信じやすいものです。架空請求詐欺も、その心理に目を付けたものです。交渉に行き詰まりを感じたら、経緯をまとめて次の進展を文書で提案するのも効果的です。

★ 断る理由を奪う①

本論とズレていることを認識させる

POINT 感情的になっている人は、大抵が本論と関係のない点で激昂している場合が多いです。こうした相手には、発言の趣旨と本論との関係を繰り返し問いかけていきます。突き詰めると何ら関係のないことに、相手も気が付きます。

★ 断る理由を奪う②

イエスかノーを聞かない

POINT 交渉をするとき、イエスかノーを聞く質問は避けなければなりません。ノーと言われたらそこで終了です。交渉が巧みな人は、自分の要求を呑まない理由を尋ね、その解決策を提示します。まずは外堀を埋め成功率を上げるのです。

★ 選択肢を与えて選ばせる①

いずれかを選ぶように仕向ける

POINT 交渉には選択肢を用意しておくと有効です。相手に「AとB、どっちにする？」と聞けば、選択肢はAかBしかなくなります。NOを含め、ほかの選択肢を最初から封じ込めてしまうのです。

★ 選択肢を与えて選ばせる②

三択を用意する

POINT 人は価格帯に3つの選択肢があると、極端な選択を避けようと、真ん中を選びやすいという心理を持っています。一番推したい選択肢のほかに高低価格の商品をそれぞれ置いて、真ん中の選択肢へと導きます。

★ 選択肢を与えて選ばせる③

どれか一つを推す

POINT 選択肢が目の前に出された場合、気に入らないものだらけであっても、人は何かの理由をつけて、どれかを選んでしまうものです。「AよりBがお得だ」などと判断理由になることを伝えれば、思わずそちらを選んでしまうでしょう。

★ 布石を打っておく①

最初に小さなお願いをしておく

POINT 大きな要求がある場合は、最初にそれとは別の、小さな要求をしてOKをもらいましょう。そうすると次に大きなお願いをしても、「前もOKしたし……」という心理が働いて受け入れてもらいやすくなるのです。

★ 布石を打っておく②

先に無理なお願いをしておく

POINT 上記のように、一度OKするとその後も断りづらいという心理が働くのですが、一度断ると続けて断りづらいという心理もあります。先に無理なお願いをして、断らせてみましょう。その後に、本命のお願いをするのです。

★ 布石を打っておく③

難しい頼み事で形勢逆転

POINT 頼み事は一種の契約です。依頼が達成できれば頼んだほうが御礼をしますが、できなければ頼んだほうが心理的に優位に立ちます。相手から「実はできていません」という返事が来れば、相手に貸しを作ることになり、つけ込めます。

★ 揺るがない①

一貫して意見を主張する

POINT 多数決は、多数派が正しいわけではなく、賛成の多い意見を採用しているだけ。これをひっくり返すには、一貫して堂々と自分の意見を主張し続けること。少数派が周囲に影響を与える「マイノリティ・インフルエンス」が働きます。

★ 揺るがない②

堂々と意見を述べ続ける

POINT 上記と似た心理テクニックですが、自分の意見をブレずに主張し続けることで、相手が自分の意見に自信が持てなくなり、結果的に意見を受け入れてくれやすくなるという効果もあります。これは「モスコビッチの方略」と呼ばれます。

★ 揺るがない③

「正しい」を繰り返す

POINT 人間は同じ言葉を繰り返し聞かされると、その影響を受けてしまうことがあります。CMで何度も流さて耳に残っているフレーズを無意識的に口にするのと同じです。「この意見が正しい」と繰り返すことで、交渉の糸口がみつかります。

★ 言質を取る①

言い分は自分の言葉に置き換える

POINT 交渉事の場合、初期段階は相手の言い分を聞くことが寛容です。しかし、ただ聞くだけでなく言質を取りながら自分の言葉に置き換えます。そうすれば、認識のズレや思い違い、言い逃れを防げ、後々の事故予防にもなります。

★ 言質を取る②

何気ない一言で言質を取る

POINT 相手の些細な言葉でも言質を取るようにしましょう。例えば「前向きに考えます」と言われたら狙いどころ。断られたなら、「前向きに考えると言ったじゃないですか」と畳みかけるのです。

★ 言質を取る③

発言の前提を確認する

POINT 日本語は難しいもの。「そういうつもりで言ったんじゃない」と言われてしまえば、進展は難しくなります。相手が譲歩するような発言をしたら、「こういう場合も？　こういう条件でも？」など発言の前提も確認しましょう。

★ その気にさせるテクニック①

社会貢献であることを主張する

POINT 昨今、企業の社会貢献が重要視されています。「この交渉が実った暁には、大きな社会貢献」となると主張すれば、相手には自社にとってのメリットとは違う判断基準が生まれます。

★ その気にさせるテクニック②

人助けであることを強調する

POINT 詐欺の手口に、相手の善意を利用するものがあります。震災救済のための募金や寄付を装い近づいてくるのです。「人助け」に騙される人が多いのは事実。「これが○○を助けるのです」と強調しましょう。

★ その気にさせるテクニック③

体験を話す

POINT 人は「事実」よりも「体験」に動かされやすいものです。「私も使っているのですが、ここがよくて…」と自らの体験を話すことで、商品に対する愛着や使用感が伝わり、相手をその気にさせやすくなります。

★ その気にさせるテクニック④

実際に商品を触らせる

POINT 買ってもらいたい商品を手にとってもらうことで、その商品への愛着が増します。欲しくなれば、無理やりセールストークをするのではなく、自発的に買ってもらう、もしくは成約する可能性を高めるのです。

★ その気にさせるテクニック⑤

具体的な未来像を語る

POINT 「独立したいから資金が必要」より「エチオピアのコーヒーの魅力を伝えたいから専門店を開きたいんだ。そのために300万円必要なんだ」と話すほうが具体的です。相手もイメージがわき、応援したくなります。

★ その気にさせるフレーズ①

「～だけ？ それとも？」

POINT 交渉が成立したとき、さらに加えて要求したいときの魔法のフレーズが「～だけ？ それとも？」です。「ハンバーガーだけにしますか？ それともポテトフライもつけますか？」と、身近でも使われているテクニックです。

★ その気にさせるフレーズ②

「〜でしょ？」

POINT 人は同意を求められたらイエスと言いたいものです。「こっちのほうがよいのでは？」より、「こっちのほうがいいでしょ？」。相手に考える隙を与えず、自分にとって都合のよいほうへ誘導する便利な語尾を活用しましょう。

★ その気にさせるフレーズ③

「もし〜ならば」

POINT 「もし〜ならば」と仮定形で説明すると、相手にも具体的なイメージを持たせることができて、説得しやすくなります。また、仮の話であるという前提が、相手のガードを下げやすくします。

★ その気にさせるフレーズ④

「AとBどちらがいいかな？」

POINT 最終的な決定権を相手に与えることで、相手は多くの場合「選ぶ」選択をしてしまいます。ポイントは、選択するのは相手だということをダメ押しすること。自由な意志を強調しつつ、「選ばない」という可能性を消すのです。

★ 上手な買わせ方①

値引きは最後までじらしてから

POINT 値引きを切り出されて、すぐに応じると、「もっと値引きできたかもしれない」「最初の価格がそもそもおかしかったのでは」と、客は疑心暗鬼になるもの。値引きを要求されても、すぐには応じないでおきましょう。

★ 上手な買わせ方②

あえて法外な値段を付ける

POINT 薬やサプリメントなどは、値段が高いと効果がありそうだという気持ちになります。交渉相手にとびきり高額の価格を設定し、強気に出るのも交渉の手段です。「高いんだから、確実だ」という錯覚を利用するのです。

★ 上手な買わせ方③

価格は分割して表示

POINT 価格を小さく見せれば見せるほど、購入への抵抗は弱くなります。例えば、「全部込み10,000円」としたときと、「本体9,500円(送料1,000円)」とすると、高くても後者のほうが購入率が上がるのです。

悪の交渉術

交渉においては、結果がすべて。どんな方法を使ってでも勝つことが大事じゃ。手段を選んでる暇はないぞ。

★ まずは優しく

エビス顔でお願いする

POINT 人たらしに長けている人は、エビス顔で人に近づきお願い事をします。そうした相手の頼み事は断りづらいもの。笑顔を作ることにお金はかかりません。何かを依頼するときは、笑顔を忘れないようにしましょう。

★ ここぞというときは鬼の形相で

最後にプレッシャーをかける

POINT 裏社会の人たちは、優しい顔でお願い事をして、一度でも引き受けてもらうと一転、プレッシャーをかけ、最後は鬼の形相で追い込んでいきます。相手には「あんなに優しい人がこんなに怒るなんて」という心理も働くのです。

★ 相手の弱みにつけ込む①

相手の弱点を探す

POINT 誰にでも弱みはあるもの。「美人に弱い」「お金に弱い」「孫に弱い」「学歴コンプレックスがある」。相手の弱点をつかんだら、そこを逆手に取って、まずは揺さぶりをかけるのです。

★ 相手の弱みにつけ込む②

相手の秘密を握る

POINT 「不倫をしている」「借金がある」など、多くの人には、他人に知られたくない秘密があります。それを握ることができれば、勝ったも同然。「最近奥さんとどうですか？」などと秘密を握っていることを匂わせましょう。

★ 脅す①

最初に思い切り恫喝する

POINT ヤクザは「片腕切り落とすぞ！」などと相手に怒鳴ります。これも交渉術の一つ。恐怖によって、相手は要求をそのままを飲んでしまいます。とにかく強い言葉を使うことで、最終的な着地点を有利に持ち込む方法です。

★ 脅す②

強者の力を借りる

POINT ヤクザがツケの回収を店から依頼されることがあります。取り立てられる側は、店から直接請求されれば断ることができても、強者には逆らえないわけです。何かを要求するときは、立場的に強い人に代行してもらうことが有効です。

★ 脅す③

目を見ながらにじり寄る

POINT ヤクザのように「殺すぞ！」と恫喝してはいけませんが、それに近いことをしなければいけないときもあるでしょう。そういうときは、ただ、相手を見つめながら、近寄りましょう。これにより「無言の圧力」を相手にかけるのです。

★ 脅す④

相手に最悪の想像をさせる

POINT 「この交渉が決裂したら、最悪御社との取引は今後できなくなります」などと、最悪の状況を想像させれば、相手にはそれを避けようとする心理が生まれます。おのずとこちらの要求が通りやすくなるのです。

★ 脅す⑤

恐怖心を煽る

POINT 理詰めで動かない人を動かす場合は、どれだけ相手を脅かせるかが大事。「お酒をやめれば健康になります」と「お酒をやめないと肝臓がんになりますよ」のどちらに説得力があるでしょうか。恐怖心を煽ることで相手の心を動かすのです。

★ 論点をずらす①

感情的な議論をふっかける

POINT 自分の発言に矛盾や誤認を気付かれてしまったときは、わざと無益な感情論をふっかけます。目的は相手に傾きかけた流れを変えることなので、頭の中は冷静でいること。流れが変わったら一転、「無益な議論は止めましょう」です。

★ 論点をずらす②

「たとえ話」でねじ伏せる

POINT ヤクザは自分の理論で相手を追い詰めます。金を返せないと言われれば、「お前はメシを食べ終わってから、味にケチつけるのか？ 食った分は払えよ！」と返します。たとえ話で揚げ足をとり、反論を封じるテクニックです。

★ 論点をずらす③

断る理由の揚げ足を取る

POINT ヤクザは借金を断られたら、「金額も聞かずに断るのか！」とつっかかり、「いくらなら出せるか」と畳みかけて、お金を手にします。相手の返事の揚げ足を取り、断る理由を奪いましょう。

★ 論点をずらす④

「筋を通す」

POINT 「筋を通す」とは理屈抜きの説得力を持つ言葉です。自分の能力だけでは交渉をまとめることが難しいときは、「白紙に戻すなら損害賠償を請求するのが筋です」などと言えば、起死回生の一手になるかもしれません。

★ 論点をずらす⑤

同調をしてから論点をずらす

POINT 商談で価格の再検討など、都合の悪い申し出があったときは、「おっしゃる通りです」とまずは同調しましょう。そしてすかさず「では、うちの上役を一緒に説得しましょう」と議論の枠を作り替えるのです。

★ 論点をずらす⑥

検討の対象をずらす

POINT 物事の是非を検討するとき、相対的な部分ではなく、細かな要素が最終的な基準になる場合が多いものです。例えば相手が「月々の支払額」について渋っているようであれば、ほかの要素をプッシュして、検討の対象をずらすのも有効です。

★ 論点をずらす⑦

反対しているのは自分だけだと思わせる

POINT ヤクザは飲食店にみかじめ料を要求することがあります。そのとき「ほかの店は了解してる」と言うことで、店は渋々でも了解するそうです。これは、誰もが持つ「孤立したくない」という心理を利用したテクニックです。

★ ルール無視のテクニック①

目には目を

POINT 交渉の場で、理不尽な要求をしてくる人がいます。そんなときはこちらも理不尽で切り返し、ペースを乱しましょう。「理不尽なルールの中で交渉するなら、こちらも同じやり方をします」と引かない姿勢が大事です。

★ ルール無視のテクニック②

正々堂々と戦わない

POINT 日本人は正々堂々と戦うことに意義を見出しがちです。しかし、駆け引きの世界では負けてしまったら意味がありません。どんな手を使っても勝たなければいけない。そこにズルい手や卑怯なやり方があっても然るべきなのです。

★ ルール無視のテクニック③

ひたすら粘る

POINT どうせ破談になるなら相手が受け入れるまで、何時間も何日も何度もアプローチするのです。ダメでもともと、相手の根気負けを狙うのです。成功するまで一歩も引かない強い気持ちが成功へのパスポートです。

★ ルール無視のテクニック④

交渉を引き伸ばす

POINT 交渉は相手からどれだけ有利な条件を引き出すかのゲーム。しかし、相手に有利な条件を引き出される場合もあります。そういうときに結論を出してはいけません。相手が期限を切ってきても従わず、譲歩してくるのを待ちましょう。

★ ルール無視のテクニック⑤

前提条件を無視する

POINT　いったん相手の要求を飲んで不利な状況になってしまったときは、交渉の中で出てきた前提条件を、「その意味で言ったんじゃない」とはぐらかしましょう。本気で言っているのだと思われるような演技力が必要です。

★ 落としやすい相手①

悩んでいる人を狙う

POINT　「溺れる者は藁をもすがる」ということわざがあります。ある状況から抜け出したいと悩んでいる人は、心にある拒絶のハードルが下がり、いろいろな意見を聞くはず。交渉相手の状況を見極め、何に悩んでいるのかを見極めましょう。

★ 落としやすい相手②

二人連れを狙う

POINT　何かを売るとき、ターゲットにすべきは1人よりも2人連れです。1人だと買わないものでも友だちと一緒だと買ってしまうもの。お互いに依存心が生まれるからです。交渉が難航した場合は、交渉相手が複数いる状況を作るのも手です。

★ 落としやすい相手③

孤独や寂しさにつけ込む

POINT 独り身の老人のもとに頻繁に訪れて、優しい言葉をかける詐欺があります。これは孤独や寂しさにつけ込む手口。同じことをしてはいけませんが、孤立している人などは言うことを聞いてもらいやすいものです。

★ 落としやすい相手④

「理想」と「現実」を突きつける

POINT なりたい自分と現実の自分とのギャップに悩む人は多くいます。ネイティブ並に英語を喋りたいのにしゃべれない現実に悩む人は、高額の語学セットを購入します。夢や理想をちらつかせて、相手の財布を開かせるのです。

★ 集団意識を利用

サクラを仕込んでおく

POINT 販売目的のセミナーを盛り上げたいときは、講師の意見に同調してくれるサクラを仕込むのが効果的。声の大きな人や陽気な人を入れておくと笑いも生まれ、セミナーも盛り上がります。他の参加者も講師の話に耳を傾けるようになります。

★ 交渉担当を変える①

交渉担当を異性にする

POINT 膠着した状況を解きほぐすために異性の力を借りるのも手です。同性同士の交渉だと、時には丁々発止のやり取りとなり、競争意識が刺激されることもあります。異性を交渉者の1人として追加させ、状況の打開を図るのです。

★ 交渉担当を変える②

交渉担当を容姿端麗にする

POINT 大勢の人を相手に心を開いてもらいたいときはどうすればよいでしょう？ この答えは、容姿の優れた人を担当にすることです。「人は見た目が9割」といいますが、多くの人がまず第一印象でその人を判断するからです。

★ 事態が進展しない時は

交渉相手を変える

POINT お金を持っていない人からお金を取ることは無理です。そういうときヤクザは諦めるのではなく、お金を持っている人に標的を変えます。サラリーマンならその会社の社長に、学生なら親に。標的の条件は、責任を取る立場にあることです。

相手を騙す・操る方法

ちょっと難しいテクニックもあるが、ぜひ頑張ってほしい。これらを身に付ければ勝ったも同然じゃ。

★ 信じ込ませる方法①

嘘でもいいので理由を添える

POINT 理由を添えるだけでお願いを引き受けてもらいやすくなるのが「カチッサー効果」。もっともらしい理由ではなく、まったく意味がないような理由でも効果があります。ただし、難しいことを言うと効果が薄くなるのでご注意を。

★ 信じ込ませる方法②

返事が「はい」になる質問を続けてする

POINT 自分の要求を聞いてもらう必要があるときには、どんな質問でもいいので、相手が「はい」と答える質問を5回ほど続けてみましょう。すると、心理的なハードルが低くなり、要求を聞いてもらいやすくなります。

★ 信じ込ませる方法③

何度も繰り返して伝える

POINT 100万円の時計であっても、サクラたちが「安い」と連呼すれば、「安いかも」と思ってしまうものです。それほど人の判断力というのは曖昧。無茶な条件でも何度もアピールしていれば、相手が受け入れてくれることもあります。

★ 信じ込ませる方法④

説得ではなく納得が大事

POINT ヤクザは相手を説得しません。納得させます。「借りたら返す。当たり前のことや」と納得させるのです。そこだけを言われれば、確かにそうです。一度納得させることができたら、無茶な要求も通すことができるのです。

★ 信じ込ませる方法⑤

「多くの方に喜ばれている商品ですよ」

POINT 人は根源的に「周りと同じことをしたい」という心理が働いています。多くの人が選択していることが正しいことのように思ってしまいます。買い物に悩んでいる人に「人気があります」と一言を添えると、購買につながりやすいのです。

★ 信じ込ませる方法⑥

「おとり」を準備しておく

POINT 「おとり」は購買や成約につなげる強力な武器。数量限定の特売品を目当てにお店にいったのに、その商品はすでに売り切れていて、ほかの商品を買うということはよくあります。おとりを使うことで、客に買う意欲を植え付けるのです。

★ 信じ込ませる方法⑦

ダミーを使う

POINT 100万円の時計を見せられたあと、30万円の時計を見せられたら、どうでしょうか。高い金額であるはずなのに、安く感じます。実際の差よりも大きく印象が変わる現象を利用して、相手の購買欲を上手に刺激してみましょう。

★ 信じ込ませる方法⑧

「バーナム効果」を利用する

POINT 誰にでも当てはまるのに、それが自分にだけ当てはまっていると勘違いをしてしまう現象のことを「バーナム効果」といいます。「あなたは内臓が疲れやすい人ですね」などと誰にでも当てはまる言葉で信じ込ませるのです。

★ 交渉が停滞したとき

停滞する理由を相手に押し付ける

POINT 交渉が停滞したときは、極力「停滞理由はあなたにある」と提示していきましょう。「こちらは誠心誠意努めているんだから」という雰囲気を作ることができれば、相手は自分が悪いと思うものです。

★ 相手の財布の紐が固いとき

「後付け」で買わせる

POINT 商品を客に買ってもらう場合、最初から値段を高くしてしまうと相手も財布を開きません。まずは最低条件の価格を提示して、購買意欲を刺激しましょう。意思決定をさせておいてから、オプションなどを提案していくのです。

★ 自分事にさせる

「あなたが〇〇です」

POINT 選挙では、「投票しましょう」より「あなたが投票者です」と呼び掛けたほうが投票率が上がることがわかっています。「あなたが出資者です」「あなたが決定権者です」と強調すれば、自然と義務感が生まれ、行動を促しやすくなります。

★ 相手の心理をコントロールする①

相手より先に動かない

POINT 気の小さな人間は相手より先に動きます。例えば二人きりで対面した場合、気の小さなほうが先に口を開きます。すると心理的に不利な立場になってしまいます。それを逆手に取りましょう。相手が動くまで待つのです。

★ 相手の心理をコントロールする②

目線を利用する

POINT 人は不安になると、周囲を見て同じ行動をとります。不安を覚えた相手には、目を合わせてから意識的に視線を外すことで交渉の主導権を握れます。そうなると、人の助言に乗りやすくなり、あとは押しの一手です。

★ 相手の心理をコントロールする③

些細なことでも謝らせる

POINT ヤクザは約束の時間に遅れません。待ち合わせ場所に先について、テーブルに山盛りの灰皿でも演出すれば、相手は遅れていなくても、思わず「すみません」と謝ります。些細なことでも謝罪させることで、心理的に優位に立つのです。

第4章 「イエス」を引き出す裏心理術

★ 思考能力の奪い方①

正常な判断能力を奪う

POINT かつての闇金は、四六時中催促の電話をかけたという話もあります。苦しい状況に追い込むことで人の判断力は低下します。時間や場所を問わず、何度も要求を伝えましょう。いずれガードが崩れてくるかもしれません。

★ 思考能力の奪い方②

難しい言葉で判断できなくする

POINT 意思決定するためには、それに足る情報と知識が必要です。相手が無知であることを利用して、交渉を主導しましょう。故意に難しい用語を連発すれば、相手は判断できなくなり、こちらに有利に運ぶことができます。

★ 思考能力の奪い方③

揚げ足を取る

POINT 予想を裏切る出来事に遭遇すると慌てるもの。予想外のところを攻めて、相手の正常な判断力を弱めるのも有効です。「いつも」「絶対」などと言われたときはチャンスです。その根拠を突き崩せば、相手は防戦に回ることでしょう。

★ 悪の上級編①

あえて相手を突き放す

POINT 交渉の土壇場で相手が怯むことはよくあることです。そんなときはあえて冷たい態度を取ることで、膠着した雰囲気を壊せるかもしれません。相手は不安な気持ちになることで、「決めなければ」と考えるのです。

★ 悪の上級編②

相手を恐怖から解放する

POINT 人は大きな恐怖を感じた直後にお願いをされると、それを受け入れやすいという心理があります。恐怖から解放されたとき、警戒が緩み、心の隙が生まれるのです。故意に相手に恐怖を与える状況を作るのも手です。

★ 悪の上級編③

逆らえない状況に追い込む

POINT 恩を着せる、金を貸す。相手が自分の言うことに逆らえないという状況を作ることができれば、それと直接関係のないことでも言うことを聞かせやすくなります。相手は無意識のうちに、その関係性を維持しようと考えるのです。

COLUMN

「子犬商法」に引っかかるな!

ケージの中でかわいい仔犬があなたを見つめています。

店員:「どんな犬をお探しですか」
自分:「いや見てるだけです」
店員:「だっこしてみませんか。さあさあ」
自分:「(かわいいな)……」
店員:「2週間だけ飼ってみますか。もしあわないようなら、お返しください」

ただでさえかわいい子犬。買いたい気持ちを抑えていたのに、一度のだっこでストッパーが外れてしまいました。2週間も一緒に暮らせば、そのまま飼ってしまうでしょう。まんまと「子犬商法」にはめられてしまった形になります。

このように、売る方からしてみれば、初期の利益を度外視する商法を、ペットショップでよく見られることから、「子犬商法」と呼びます。オンデマンドのビデオのように、最初の1カ月は無料というのもこのタイプです。

一見お得に見えますが、最終的には相手の言うとおりに契約をしてしまいますので要注意です。意志の弱い人は、そういう契約を絶対にしないと決めておくほうがよいでしょう。

第5章

異性の心をつかむ裏心理術

好きな人の気持ちを思い通りに動かすことができれば……、とは誰もが思うもの。しかし、やり方を間違うと嫌われてしまいます。この章ではリスクをおかすことなく恋愛を進展させることのできる、とっておきの心理術を紹介します。

好意を持たせるテクニック

異性に好意を持たれるにはさまざまなテクニックがある。すぐにできることもたくさんあるのじゃ。

★ 親近感を覚えてもらいたいとき①

相手の名前を頻繁に呼ぶ

POINT 人は自分の名前が会話に出てくると関心を向けずにいられません。名前を呼ぶ相手に親近感を覚えるようになります。異性に好かれたければ、会話の中で積極的に相手の名前を呼ぶようにしましょう。

★ 親近感を覚えてもらいたいとき②

「ここだけの話」をする

POINT 「これはここだけの話だけど〜」「○○さんだから話すけれど」と前置きすると、相手は重要な秘密を打ち明けられたように感じ、秘密の共有による仲間意識と親密度をアップすることができます。

★ 親近感を覚えてもらいたいとき③

共通項を見つける

POINT 同郷、同窓といった些細な共通点でも人は親近感を抱き、いい人だと思ってしまいます。ナンパ師は、ちょっとした会話の中から、共通点を見つけ出し、そこから会話を弾ませます。相手の警戒心も自然と解くことができるでしょう。

★ 親近感を覚えてもらいたいとき④

自分の弱い部分を見せる

POINT 人は弱い部分を見せてくれた相手に心を開く傾向があります。普段大勢でいるときには強気な人でいて、2人きりになったときに弱みや秘密を打ち明けると、一気に親近感を感じてもらえます。

★ 好印象を与えたいとき①

ポジティブな言葉を会話に散りばめる

POINT 普段から使う言葉を変えるだけで、異性から抱かれるあなたの印象は大きく変わります。「ありがとう。嬉しいな」「あ〜、幸せ」など、好き、嬉しい、楽しい、安心、幸せといった前向きな言葉を多用すると、印象も良くなります。

第5章 異性の心をつかむ裏心理術

★ 好印象を与えたいとき②

空耳効果を会話中に狙う

POINT 人は自分に向けて言われたわけではなくても、褒め言葉を聞くと自分が褒められているような錯覚を覚えます。女性に対しては持ち物を「かわいい」と褒めたり、男性には仕事を「ステキ」と褒めたりするといいでしょう。

★ 聞き出したいことがあるとき

まずは自分の暴露をする

POINT 相手の個人的な体験や思いを聞き出したいときには、まず自分のことから話してみましょう。先に自己開示をすることで「実は私も……」と聞き出したいことを自然と話してもらえるようになります。そこで詐欺師は嘘を巧みに使います。

★ 秘密を知りたいとき

自分から秘密を打ち明ける

POINT ナンパ師やホストは、異性との距離を縮めたいときに極めてプライベートな話を積極的にします。すると、相手は「ここまで話してくれるなんて……」と親近感を抱き、勝手に秘密を打ち明けてくれるようになり、深い仲に発展できます。

★ 相手の信頼を得たいとき

とにかく話を聞いてあげる

POINT 人は、承認欲求を持っています。特に普段忙しい男性の話を聞いてあげると、気持ちが満たされ、感謝までするでしょう。水商売の女性が、男性の家庭での愚痴などを「大変ね」と聞いてあげると、いいお客さんになるというパターンです。

★ 親密感を刷り込む①

相手の言葉をオウム返しで繰り返す

POINT 会話では相手の潜在意識にあなたへの親密感を刷り込む必要があります。簡単な方法がオウム返しです。「ビールが好きなんだ」と言われたら「へえ、ビール好きなんだね」と言ったようにそのまま返すだけで自然と親密感を作り出せます。

★ 親密感を刷り込む②

相手を肯定するときは大げさに

POINT 同じ「はい」でも、「まさにそのとおり！」「心から賛成です！」と、大げさに答えてみましょう。心理的なインパクトが増し、あなたへの好意が高まります。逆に、否定的な応答をするときは、落ち着きながらするといいでしょう。

第5章 異性の心をつかむ裏心理術

★ 親密感を刷り込む③

適当に相手の性格を指摘する

POINT 相手と強い絆を結ぶには相手の心をつかむ必要があります。効果的なのが性格を指摘すること。当てずっぽうでもいいので「ホントは慎重なんだね」「けっこう大胆ですね」と言ってみましょう。当たってるかもと思わせることが大事です。

★ 警戒心を解きたいとき

相手の気持ちや状況を言い当てる

POINT 特に初対面では相手はあなたのことを警戒して、質問に積極的に答えてくれないかもしれません。そんなときは、相手の境遇や気持ちを想像して「○○でしょ？」と聞いてみましょう。返答を得やすくなります。

★ 敵だと思われないようにする

聞き役に徹する

POINT 話しているときに気をつけたいのが、知らず知らずのうちに相手を貶めてしまうことです。自分をよく見せる話は無意識のうちに相手を見下しているサインになってしまいます。基本は聞き役に回り、相手からの話を引き出しましょう。

★ 相手を褒めるとき①

大げさに褒める

POINT 褒めるときは大げさなくらい豪快に褒めましょう。冗談とも本心ともとれる褒め方は、受け入れてもらいやすく、会話も盛り上がります。逆に真顔で真剣に褒められると相手は困惑してしまうことも。大げさでいて、軽さも重視しましょう。

★ 相手を褒めるとき②

欠点を褒める

POINT 「八方美人」な人に対して「社交性がある」と言ったり、「わがまま」な人に対して「自分の軸を持っている」と言ったりして、欠点をあえて褒めることもいいでしょう。相手の心により染みる褒め言葉になります。

★ 好意をつなぎとめたいとき

現状を褒める

POINT 浮気をされたくないとき、「浮気しないで」と言っても何の効果もありません。相手の好意をつなぎとめるためには、「今のままで素敵だ」と変わる必要がないことを伝えることが有効です。相手の行動も変わるでしょう。

★ 男性を褒めるとき

能力とそこから得た戦利品を褒める

POINT 褒め方には性差があります。男性はプライドをくすぐられると弱い生き物です。そのため、男性には能力や能力によって得た地位・学歴、車や時計などを褒めると効果的です。

★ 容姿がいい人を褒めるとき

目を見て褒める

POINT 恵まれた容姿の人は、普段から褒められることに慣れています。そのため多少褒め言葉を工夫しても心に響かないことも。そんなときには、褒めながら必ず目を合わせることにしましょう。これだけで気持ちがより伝わりやすくなります。

★ 印象に残る褒め言葉

「初めて」「会ったことないタイプ」

POINT ただ褒めるだけでなく、褒め言葉を言ったあなたの印象を残す必要があります。そこで使えるのが「あなたみたいな人は初めて」「今まで会ったことないタイプ」といった言葉。特別感を演出でき、印象に残すことができます。

★ 会話の雰囲気をよくしたいとき

答えやすい質問をする

POINT わざわざ頭を使わなくても考えられることや、相手が興味を持っていることについての質問は、会話をスムーズに進める潤滑油となります。相手から自発的に話してもらうこともでき、雰囲気がよくなるでしょう。

★ 会話が盛り上がらないとき

「今」に関わりのある質問をする

POINT 相手となかなか会話が盛り上がらないときには「今」に関連する質問をしてみましょう。「今飲んでいるのってなんていう名前のお酒？」「(今いる)ここってよく来るの？」など、「今」に関わる質問は答えやすいからです。

★ 女性に魅力を感じてもらう

自信に満ちた表情を見せる

POINT 2011年にカナダの大学で1000人の女性に実施した男性の性的に魅力を感じる表情についての調査では「自信に満ちた表情」が1位になりました。研究チームは「有能さ」「権力の象徴」として自信のある表情が映ったのではと結論づけています。

★ 隠し事を聞き出したいとき

「噂で聞いた」と言って聞く

POINT 相手に聞きたいことがある場合、なかなか核心に迫った質問はしづらいものです。そんなときは素知らぬふりをして「噂で聞いたんだけど」と聞いてみましょう。相手の反応次第で隠しごとをしているかわかるかもしれません。

★ 信頼関係を築く

過去の失恋の話を聞く

POINT 相手は話したくないかもしれませんが、過去の失恋体験を聞き出すことは後々の信頼関係構築に役立ちます。恋愛マスターは、相談に乗る形で聞き出します。過去の恋愛歴は恋人同士となったときに相手が重視する価値観がわかる利点も。

★ ムードを高めたいとき

過去の恋愛遍歴を聞く

POINT 相手が過去にどのような恋愛をしてきたのかを聞いてみましょう。失恋のようなネガティブな話だけでなく、過去のよかった話にフォーカスすることで、当時のロマンチックな気分を思い出し、恋愛モードに誘い込むことができます。

★ 聞いてもらいたい話があるとき

沈黙を利用する

POINT 食事中や2人で話しているときに、相手に聞いてもらいたい話があるときは、沈黙を利用しましょう。話が盛り上がっているときに、急に沈黙すると、空気が変わり、相手はあなたが発する特別な雰囲気に期待するようになります。

★ 印象に残したいとき①

相手に近寄ったときに、微かにわかる程度に香水をつける

POINT 香りは人間の記憶に刻まれやすいものです。そこで、気になる相手と合うときは必ず同じ香水をしてみましょう。あなたと会っていないときに、どこかでその香りを嗅いだら、相手はあなたのことを思い出さずにはいられないでしょう。

★ 印象に残したいとき②

目を合わせる回数を増やす

POINT 人は何度も相手を認識することで、印象が書き換えられていきます。気になる相手には、頻繁に目線を送りましょう。何度も目が合うと、相手はあなたのことが無視できなくなり、次第に意識するようになります。

第5章 異性の心をつかむ裏心理術

★ パーソナルスペースを利用する①

後ろから近づいてパーソナルスペースに入る

POINT 人には「パーソナルスペース」と呼ばれる快・不快に感じる距離があります。親密な人で15cmといわれています。この距離に入ることができると、心理的な距離が縮まります。男性は後ろへの警戒心が薄いので、後ろから近づいてみましょう。

★ パーソナルスペースを利用する②

横から近づいてパーソナルスペースに入る

POINT 女性のパーソナルスペースは体の前後です。つまり、女性は前と後ろから近づかれると、警戒心を抱きやすくなります。そのため、ナンパ師は横から近づき、声をかけます。

★ 徐々に親しくなる

短い時間でも直接会える回数を増やす

POINT モテる人に共通しているのはマメさです。人は何度も顔を合わせる人に親近感を感じやすくなります。短い時間でも会う回数を増やすようにしましょう。少しの時間でも積み重ねることで、あなたのことが気になってくるものです。

★ 相手に心配させる

連絡する頻度を少なくする

POINT 1日に複数回やりとりしていた時期があるほど効果的です。相手に「どうかしたんだろうか？」「何かしくじっただろうか？」と思わせ、自分（こちら）のことを心配したり、こちらにより意識を向けさせたりすることができます。

★ 告白の成功率を上げる

「これからは会えなくなる」と会う機会の少なさをアピールする

POINT 「なかなか会えない」「これからは会えなくなる」という会う機会の少なさを利用して告白すると、相手が好意を持っているなら相手を手放したくないと思い、告白が成功する確率が大きく上がります。

★ 好印象を抱かせる

犬と散歩するとモテる

POINT 2008年にフランスで、男性に犬を連れた場合と連れない場合で女性100人に電話番号を尋ねる実験をしたところ、犬を連れない場合の2倍もの成功率で電話番号を聞き出せたそうです。

第5章 異性の心をつかむ裏心理術

好きにさせるしぐさ

しぐさで男性らしさ・女性らしさをアピールするのじゃ。ちょっとしたしぐさを意識するだけで印象が変わるぞ。

★ 女性らしさをアピールする①

髪を触る

POINT 男性から見て女性が髪を触る様子はセクシーさを感じさせます。女性の髪は長く、男性にないセックスシンボルとなります。髪を触るのはもちろん、耳にかけたり、もてあそんだりするしぐさで男性の気をひくことができます。

★ 女性らしさをアピールする②

右にあるものを あえて左手でとる

POINT 女性ならではの体の曲線を強調したしぐさは、女性らしさをアピールできます。右にあるものをあえて左手で取る「クロスの法則」が有効。右耳のピアスをあえて左手で触ったり、両手をクロスさせたりするしぐさがあります。

★ 男性らしさをアピールする①

ネクタイをゆるめる

POINT 女性から見て、男性のネクタイをゆるめるしぐさはセクシーさを感じます。ネクタイを締めたフォーマルから一転、ネクタイをゆるめ、たくましい胸元がのぞく瞬間に女性は目を奪われます。心理学的に「ギャップ効果」といいます。

★ 男性らしさをアピールする②

腕まくりする

POINT こちらも「ギャップ効果」です。普段は見せないたくましい腕が袖をまくってあらわになったとき、女性はドキッとします。好きな女性が重たい荷物が運べなくて困っている場合は、「腕まくり」のアピールチャンスです。

★ 距離を縮めるしぐさ①

軽めのボディタッチをする

POINT 時には大胆に行動してもいいかもしれません。相手が嫌悪感を持っていないとわかったら、冗談を言ったときに軽く肩をたたく、小さなゴミが頭についたときに取ってあげるなど、ライトなボディタッチをしてみましょう。

第5章 異性の心をつかむ裏心理術

★ 距離を縮めるしぐさ②

積極的に目を合わせようとする

POINT 相手とより親しくなりたい「親和欲求」の強い人は、会話中に視線を合わせようとします。恋愛マスターやキャバ嬢は視線を合わせるのにためらいません。目を合わせて、ニコッと微笑めば、相手との距離を一気に縮めることができます。

★ 距離を縮めるしぐさ③

相手のしぐさ・動作を真似する

POINT 相手の動作を真似する「ミラーリング」というテクニックです。相手がグラスを持てば、自分もグラスを持つ。相手が視線をそらしたら、同じ方向を見る。このように動作・しぐさを合わせると相手から親近感を抱いてもらえます。

★ 距離を縮めるしぐさ④

呼吸を合わせる

POINT 簡単そうに見えて難しいテクニックですが、効果は抜群です。相手と呼吸の早さを合わせると、心が同調しやすくなり、親密度が劇的にアップします。また、会話のテンポを合わせれば、どんどんと話がはずみ、好感度がアップします。

★ 距離を縮めるしぐさ⑤

口ぐせをさりげなく真似する

POINT 相手のしぐさや行動をまねると、相手は親近感を覚え、心を開いてくれます。口ぐせやイントネーションを合わせてもいいでしょう。やりすぎて怪しまれなければ自然と距離も縮まります。

★ 自己PRをするとき

伝えたい要点を話すときだけ目を合わせる

POINT 恋愛において自己PRは欠かせませんが、あまりに多くなってしまうと逆効果。恋愛マスターは、そこを心得ています。自分がアピールしたいことを話すときには、いくつかのポイントに絞り、その話のときにだけ目を合わせると効果的です。

★ 話を盛り上げる

相づちをうまく打つ

POINT 相づちをうまく打つと話を真剣に聞いてくれているというサインになり、会話相手の信頼が高まり、話も盛り上がります。話の後半で相づちを多めに打つと「もっとあなたの話を聞きたいです」とアピールすることができます。

第5章 異性の心をつかむ裏心理術

断らせない誘い方

デートをしてほしいときにただ「デートしてください」と言うだけではダメじゃ。断れない工夫をするのじゃ。

★ 断りづらくする

何かしらの理由をつける

POINT 特に男性が女性を飲みに誘う場合は、何らかの理由付けがあるといいでしょう。例えば「いつもと違って、今日は疲れている顔をしているから」と無理やりでも理由があると、誘いに対する心理的なハードルが低くなります。

★ 想像力を利用する

具体的に描写して話す

POINT デートの誘いは「○○に行こうよ」と誘うだけでは応じにくいもの。そんなときは「照明がおしゃれなお店で、アツアツのタンシチューがおいしいんだ」と具体的に描写しましょう。想像力を掻き立て、誘いに乗ってもらいやすくなります。

★ 相手の好みを利用する

質問しながら誘う

POINT 人は自分が好きな話題には応じやすいものです。たとえば、カレーが好きな人をデートに誘うときは「行ってみたいカレー屋さんある？」「じゃあ週末、そこに行ってみようよ」といったように誘いましょう。

★ 混乱を利用する

何の脈絡もなく誘う

POINT 別の話をしているときに、さりげなく「今週末、映画に行こう」と誘ってみましょう。何の脈絡もなく誘われると、相手は混乱し、つい乗ってしまいやすくなります。ただし、タイミングには注意が必要です。

★ 断れないようにする

選択肢を二つに絞って提案する

POINT ナンパ師がデートに誘うときの常套手段は、NOを言わせません。「○○に行かない？」という誘い方でなく、「動物園と遊園地どっち行く？」といったように二択で質問し、「行かない」選択肢を消すのです。

★ 断りを利用する

一度断らせて、続けてもう一度誘う

POINT 人は続けてNOとは言いにくいもの。わざとハードルの高い誘い方をして断られ、その後下げましょう。「高級ホテルでディナーに行こう」と誘い、断られたらすぐに「近くのイタリアンは？」と聞けば、「YES」を引き出しやすくなります。

★ NOを封じる

複数の選択肢を出す

POINT 確実に誘いたいときには「その他」という選択肢も提示しましょう。「10日か15日、もしくは来月で空いている日はある？」といった聞き方をすると、「どれもダメ」という返事がしづらく、こちらの誘いに応じてもらいやすくなります。

★ 魅力的な誘いに見せる

二択の選択肢のうち、一つはつまらないものにする

POINT 相手にする提案は、選択肢を二つ以上用意しましょう。その際、一つはわざとつまらないものにします。そうすることで、本当に通したい提案を魅力的に見せ、いい返事をもらいやすくなります。結局、一択しかないようにするのです。

★ 警戒心を持っている相手を誘うとき

相手の「NO」を積み重ねて、「デートはダメだよね？」と聞く

POINT 警戒心を持っている相手には「NO」を積み重ねる質問をします。その後「デートには行けないよね？」「付き合ってくれないよね？」と本当にして欲しい要求をわざと「NO」と答えるように質問すると、要求を通すことができます。

★ 一度断らせる

相手に断られた理由を別の角度から褒める

POINT デートの誘いを「仕事が忙しいから」と断られたとしたら、どうしますか？　恋愛マスターは簡単に諦めません。その理由を褒めて、もう一度アタックです。「仕事熱心で素敵！　でもお願い」などと言うと聞き入れてもらいやすくなります。

★ 好意を持たれていない相手には

回数を決めて誘う

POINT あなたに全く好意がない相手だったとしても、「1回でいいからデートして、奢るから」と回数を明示して誘いましょう。そうすると相手は即答で断らず、「考えてみようかな」となります。即NGではなく、相手に考えさせるのです。

第5章　異性の心をつかむ裏心理術

相手を操るデート術

セッティング、待ち合わせ、お店での座る位置など、デートで気に入られるためにも心理術を利用するのじゃ。

★ デートのセッティングをする①

デートは暗い場所を選ぶ

POINT 映画館やカラオケはデートでも定番スポットです。それもそのはず、人は暗いところでは不安を感じやすく、一緒にいる人と親密になりたいと無意識に考えるのです。デートは暗闇で相手との距離感をグッと縮めてみましょう。

★ デートのセッティングをする②

心拍数を上げる場所を選ぶ

POINT 吊り橋効果という理論があります。揺れる吊り橋を渡るような恐怖でドキドキしたとしても、目の前の相手が好きでドキドキしていると錯覚してしまうのです。デートでも運動やお化け屋敷などドキドキを生み出せるといいでしょう。

★ 待ち合わせ

わざとわかりにくい待ち合わせ場所を指定する

POINT 相手から「頼りになる人」と思われたければ、デートの待ち合わせが肝心です。わざとわかりづらい場所を指定しましょう。相手が迷ってしまったらチャンスです。すかさず迎えに行き、頼れる人であるとアピールできます。

★ 期待を煽る

大げさに勧める

POINT 「東京で一番美味しいお店」や「テレビに出ていた店」など、デートで訪れる場所は大げさに紹介しましょう。それだけで相手はデートに対する期待感を高め、あなたとのデートを楽しみにするようになります。

★ 親密感を演出する

わざと偶然を演出する

POINT デートの行き先や食事のメニューなど、さりげないところで偶然の一致を演出しましょう。相手から提案があったら、「同じもの見ていた!」「それがいいと思っていた!」などと偶然の一致を装えば、親密度をアップできます。

第5章 異性の心をつかむ裏心理術

★ お店での座る位置①

窓際や太陽に背を向けた席に座る

POINT 初対面の相手とお店で会うときには、窓側に座りましょう。相手はあなたを見るときに、外からの光も一緒に見ることになります。すると、目が疲れます。目が疲れると人は相手の言うことを受け入れやすくなるといわれています。

★ お店での座る位置②

入り口や厨房を向いた席に座る

POINT 店内を見渡せる位置に座ることは男性にとって、デートで女性の心理をうまく誘導するためにできる初歩的なテクニックです。店員の動きや店内の雰囲気がわかり、店員とのやりとりをスマートにする姿は相手に魅力的に映るでしょう。

★ お店での座る位置③

壁際に座り、自分の話に集中してもらう

POINT 女性にとってのデートでの席選びのポイントは、相手の男性に余計な情報を与えないこと。壁際に座ることで、相手は店内の様子がわからず、女性のことしか見れなくなります。こうして男性の意識を女性にすべて注がせるといいでしょう。

★ 注文をする

同じものを注文する

POINT 人は、自分と似た価値観を持っている人間に良い評価を与えがちです。そうするには、「同調行動」を意図的に起こしましょう。相手と同調行動をとることによって、相手から認めてもらいやすくなり、自分の考えを通しやすくできます。

★ デート終わりに印象を残す

わざと話を途中で終わらせる

POINT 最初のデートができても次のデートにつなげない限り、関係は発展しません。別れ際にあなたの印象を残すようにしてみましょう。話が盛り上がったら、その途中で別れるのです。これにより、あなたの印象が強く残ります。

★ 相手の好意を推し量る

デートの始まりと終わりの会話を見直す

POINT デートが終わったら、必ず相手がデート中に話してくれた話を振り返りましょう。個人的な思いや秘密を打ち明けてくれたのであれば、あなたに心を開いていると言えるでしょう。逆に当たり障りのない会話であれば、対策が必要です。

第5章 異性の心をつかむ裏心理術

達人のメール・LINE術

いまやメールやLINEで異性の興味を引くことは常識じゃ。マメさはものを言うぞ。

★ 連絡先を教えてもらったら

30分以内に連絡する

POINT　容姿がいい女性は男性から連絡先を聞かれる機会が多いものです。せっかく連絡先を教えてもらっても、日が空いてから連絡すると、あなたのことを忘れているかもしれません。連絡先は入手したら30分以内連絡するようにしましょう。

★ 返信を待つとき

絶対に催促はしない

POINT　返信がなかなか来ないからと言って、何度もメッセージを送ったり、直接電話したりすることはNGです。「しつこい人」というイメージがついてしまい、嫌われる原因になります。「相手にも都合がある」と理解して、気長に待ちましょう。

★ デートに誘うとき①

「断りやすいメール」を心がける

POINT メールやLINEでデートに誘うときに一番避けなくてはいけないのは、無視されることです。あえて断りやすい文章を送ることで、返信を引き出すことができます。返信さえあれば、たとえ断られたとしても次回につながるかもしれません。

★ デートに誘うとき②

伝えたいことは後半に書く

POINT 人は最後に読んだ文章が強く印象に残るものです。これを「クライマックス効果」と呼びます。これを利用してメールやLINEでも、デートの誘いなどの伝えたいことは最後に書くようにしましょう。

★ 印象をよくする

「好き」など恋愛ワードを散りばめる

POINT メールやLINEでは使う言葉で相手にいい印象を植えつけることもできます。特に恋愛感情を引き出したいなら、恋愛を連想させる「好き」「付き合う」などの言葉を「ビール好き?」「ご飯付き合って」というように使ってみましょう。

★ 信頼関係を築く①

文体や文章の長さを相手に合わせる

POINT 相手とペースを合わせて信頼関係を築けるのは、会話だけではありません。メールやLINEでも相手が一言で送ってきたら、こちらも一言で返信。相手が長文なら、長文で返信といったように合わせると、信頼度がアップします。

★ 信頼関係を築く②

2人だけの共通のスタンプを使う

POINT 何度かメールやLINEのやりとりをしたことがある相手であれば、2人だけが使う絵文字やスタンプを用意しましょう。それらを送るだけで、2人だけがわかる秘密のメッセージとなり、距離が縮まります。

★ 信頼関係を築く③

スタンプの種類、使う頻度を合わせる

POINT 絵文字やスタンプを使う頻度も合わせましょう。頻度を合わせることで、相手とペースを揃え、心理的な距離を近く感じてもらえます。恋愛マスターは、こうしてどんどん相手と同じものを使っていきます。機種も同じだと効果大です。

★ 内容を分析する

脈ありメールを見逃さない

POINT 相手から届いたメールに「いつも1人だから」とか、「気になるお店があるけど1人では入りづらい」など……。そういった内容が含まれていれば脈ありの可能性は非常に高いでしょう。届くメールを常に分析するように心がけましょう。

★ 気になる人になる

あえて連絡を数日断つ

POINT 相手にあなたのことを少しでも意識させたいなら、連絡をわざと断ってみるのもいいでしょう。それまですぐに返ってきていた返信が遅くなるだけで、相手はあなたのことが気になりだす可能性があります。

★ メッセージの終わらせ方

必ず相手のメッセージで終わらせる

POINT LINEのやりとりを毎回相手のメッセージで終わるようにすると、相手があなたを追っている構図を作れます。この終わり方を繰り返すと、相手はいつのまにかあなたを追ってくるように錯覚するのです。

こっそりと相手の気持ちを知る方法

相手があなたに好意を抱いているかどうかは、言葉以外からもわかるぞ。しぐさに注目するのじゃ。

★ 足に注目する①

組んだ足の方向に注目する

POINT　相手が足を組んでいれば、その向きに注目します。組んだ足の先が自分に向いているなら、こちらに興味を示している証拠です。逆の方向だと、あなたに興味が薄いと考えられます。

★ 足に注目する②

足を投げ出して大きく開く

POINT　男性は「強いオス」を演出したがります。足を大きく投げ出して、大きく広げて座るときがそうです。ときには、わざとそうして、女性の興味を引いている可能性もあります。

★ 食事中には

自分のグラスと相手のグラスの距離感を確認する

POINT 気になる相手との食事中には、相手のグラスと自分のグラスの距離を見ましょう。この距離は無意識に相手が抱いているあなたとの心理的な距離を反映しています。あえて近づけて相手がグラスを遠ざけるかを観察してもいいでしょう。

★ 口元に注目する①

唇をなめる

POINT 相手があなたの話を聞きながら、さりげなく唇をなめたら話に興味があると思っていいでしょう。それは相手を肯定しているサインです。その会話のある部分に食指を動かしたのです。それを見逃さず、自分のことをアピールしましょう。

★ 口元に注目する②

隠れて舌を出す

POINT キャバ嬢も恋愛マスターも、その道のプロですから、うかつに自分の内面をさらしません。しかし、たまに、子どものように舌を出して拒絶することもあります。そういう場面を人に見せることは、その人に心を許している証拠です。

効果的な好意の伝え方

直接「好きだ」と言わなくても好意は伝えられるぞ。効果的なテクニックをマスターするのじゃ。

★ 日ごろの連絡

他の人にはしないような近況報告をする

POINT 恋愛マスターと呼ばれる人はとてもマメです。自分に対して恋愛感情を持ってもらうためには、小さなことでも好意を抱いていることを伝えます。些細なことでも事あるごとに連絡してみましょう。あなたの気持ちをわかってくれます。

★ プレゼントをする

実用的なものを渡す

POINT 恋愛マスターは、落としたい相手にいつも自分のことを考えてほしいと思います。そこで、女性に渡すプレゼントもいつも身近におけるものにするのです。プレゼントにいつも触れさせ、渡した自分の印象を深く心に残そうとする作戦です。

★ 目で好意を伝える

相手の目をじっと見つめる

POINT 相手から伝わるひと目惚れのサインは、5秒以上目を見つめられること。これを逆手に取ると、さらに、じっと見つめることで、あなたが特別な感情を抱いていることを言葉なしで伝えることができます。

★ 会話で好意を伝える

同じセリフを2、3回繰り返す

POINT 思う通りに相手を誘導したい場合には、同じセリフを2回、3回と繰り返しましょう。相手の心をつかむために「好きだ」「愛している」というキーワードを会話のなかで何度も繰り返すのです。相手の心にあなたの言葉が浸透していきます。

★ 服装でアピールする

ストライプの服が効果的

POINT 相手にYESと言って欲しいときは、ストライプの服が効果的です。縦縞のストライプを見ていると、視線も首も縦に動かしたい気持ちになるのです。勝負服はストライプです。

第5章 異性の心をつかむ裏心理術

良い関係を続ける裏テクニック

異性とよい関係を築くためには細心の注意を払うのじゃ。窮地に追い込まれたときのテクニックをも紹介するぞ。

★ 信頼関係を築く①

期間限定の付き合いを提案する

POINT 付き合いが長くなると、相手への不満や不安が出てきやすくなります。そのため、思い切って「1年だけ付き合う」などと期日を決めてしまうと、お互いに信頼感が増すことがあります。

★ 信頼関係を築く②

先に感謝の言葉を伝えてからお願いする

POINT 相手に聞き入れてもらいたい要求があるときには、先に感謝の言葉を言いましょう。たとえばデートの待ち合わせで「今日はありがとう」と言うだけで、その後のデートがスムーズに進みます。感謝の気持ちをアピールしましょう。

★ 質問に答える

一方を指摘して反応を見る

POINT 女性から服や指輪が似合うかどうかを聞かれて困惑した経験がある男性は多いでしょう。そのときは、まずどちらかを断言します。そのときの相手の表情を見て、「……と思ったけど、やっぱりあっちかな」と言い直すのです。

★ 頼み事があるとき①

一度にたくさんのお願いをする

POINT どうしてもデートをしたいときには、一度にたくさんのお願いをしてみましょう。「海で遊んで、水族館に行って、お酒を飲んで、映画館に行こう」などと言うと、相手は混乱し、一つぐらいは聞いてくれることがあります。

★ 頼み事があるとき②

相手の右耳に向けて話す

POINT デートの誘いやどうしても相手に聞き入れてもらいたい話は、相手の右耳に向けて話してみましょう。人間は左右の耳のうち、右耳から入ってくる情報を優先的に処理する傾向があるのです。

第5章 異性の心をつかむ裏心理術

★ 浮気を疑われたら

論点をずらす

POINT ときには浮気を疑われてしまうこともあるでしょう。そんなときには、「嫉妬してくれるなんてうれしい」と濁して答えましょう。話の論点をずらして、話題を変えれば、まずは最初の一撃をかわすことができます。

★ 謝るとき

相手を驚かせる

POINT どうしても許してほしいときには、相手が驚くような行動をしましょう。ただし、謝る価値がある場合のみです。キャバ嬢や恋愛マスターはそれを見極めます。価値があると判断したら、何の連絡もなしに突然相手の家に行き、謝るのもいいでしょう。

★ 嘘をつくとき

相手の目を見て瞬きを我慢する

POINT 嘘を嘘と見せないテクニックがあります。嘘をつくとまばたきが多くなりますが、腕のあるキャバ嬢は、それを逆手にとって、嘘をつくときも、まばたきをしません。あの人は信用できる人だと勝手に思い込ませるのです。

COLUMN
強い「承認欲求」を持っていたら

　誰かに認めて欲しい。このような思いは、「承認欲求」と呼ばれ、程度はあれ、誰にでもある感情です。しかしこの欲求が強過ぎると、これほどはた迷惑な欲求はありません。

　ごく簡単にいうと、承認欲求の強い人は、感情の振幅が激しく、いつも他人の視線を気にしています。原因はいろいろと研究されていますが、幼い頃に親から十分なケアをされていないことが引き金の一つになっているようです。

　強い承認欲求を持っている人とは付き合いにくいものです。トラブルメーカーといってよいでしょう。では、あなたが、そのトラブルメーカーだったらどうでしょう。

　①嫌われても気にしない
　②相互性を知る
　③自分を認める

　この三つのことを実践すれば、強い承認欲求が和らいでいくはずです。他人の目を過度に気にせず（①）、あなた以外の人も、あなたと同じような感情を持っていることを知り（②）、自分自身を認めれば（③）、あなたの人生は今まで以上にカラフルになるはずです。

おわりに

『たった一言で誰もがあなたを信頼する心に入り込む裏心理術事典』を楽しんでいただけましたでしょうか。これまで、騙されたり、信じ過ぎたりして、損をしてきたのなら、読み終わって身につけたテクニックは、あなたにとって輝かしい未来へと進む羅針盤となることでしょう。

大切なのは、悔しい思いを二度としないように、本書で知ったテクニックを効果的に使うことです。ヤクザや詐欺師など、人の心を操る人は、どんな隙も見逃しません。相手を上手に操作することができれば、対人関係や人とのコミュニケーションはとても豊かになるはずです。「相手を操る」「他人を支配する」というテクニックは、相手の気持ちを知るからこそできるのです。その根底には他人への愛があります。

この本があなたの未来を切り開いてくれることを願っています。

西島秀穂

西島秀穂
（にしじま・ひでほ）

1973年生まれ。埼玉県出身。心理研究家。
大学卒業後、中堅マーケティングリサーチ社に勤務しながら、心理術の研究をはじめる。40歳で独立。現在は心理術のビジネス利用をメインに個人コンサルティング事業を展開している。「即効性」「日常への取り入れやすさ」に定評がある。
著書に『たった一言で心を支配する　相手を操る心理術事典』（総合法令出版）がある。

装丁　西垂水敦(krran)
本文デザイン・イラスト　和全(Studio Wazen)
DTP　横内俊彦
校正　池田研一

たった一言で誰もがあなたを信頼する
心に入り込む裏心理術事典

2019年3月22日　初版発行

著　者	西島　秀穂
発行者	野村　直克
発行所	総合法令出版株式会社
	〒103-0001
	東京都中央区日本橋小伝馬町15-18
	ユニゾ小伝馬町ビル9階
	電話　03-5623-5121
印刷・製本	中央精版印刷株式会社

ⓒ Hideho Nishijima 2019 Printed in Japan　ISBN978-4-86280-646-8
落丁・乱丁本はお取替えいたします。
総合法令出版ホームページ　http://www.horei.com/

本書の表紙、写真、イラスト、本文はすべて著作権法で保護されています。
著作権法で定められた例外を除き、これらを許諾なしに複写、コピー、印刷物
やインターネットのWebサイト、メール等に転載することは違法となります。

視覚障害その他の理由で活字のままでこの本を利用出来ない人のために、営利
を目的とする場合を除き「録音図書」「点字図書」「拡大図書」等の製作をする
ことを認めます。その際は著作権者、または、出版社までご連絡ください。

好評既刊

**たった一言で印象が変わる！
モノの言い方事典**

佐藤幸一 著 ｜ 定価 900 円 + 税

できる人は、たった一言でチャンスをつかむ！
基本の敬語から、依頼・謝罪・雑談・電話・メールなどビジネスシーンに対応した、スマートな言い方を徹底紹介。
ふだんの会話からメールで使える表現まで、状況に合ったフレーズをまる覚えするだけで、実践ですぐに使えます。

好評既刊

たった一言で心を支配する
相手を操る心理術事典

西島秀穂 著｜定価 900 円 + 税

仕事も恋愛も心理術でうまくいく！
心理術は「人間関係をスムーズにするツール」です。そう考えると、簡単に思えませんか？
苦手な相手や気になる相手に接するときは、すぐに使える心理術が、超便利＆お役に立ちます！